中山大学粤港澳发展研究院国家高端智库专项经费资助出版

本研究得到教育部人文社会科学重点研究基地重大项目"粤港澳大湾区治理体系现代化研究"（编号：22JJD810031）的资助

中山大学粤港澳发展研究院

中山大学港澳珠江三角洲研究中心

中山大学粤港澳
研 究 丛 书

粤港澳大湾区港澳青创扶持政策研究

——政策源起、实施路径与创业典型

方木欢 著

中国社会科学出版社

图书在版编目（CIP）数据

粤港澳大湾区港澳青创扶持政策研究：政策源起、实施路径与创业典型 / 方木欢著. -- 北京：中国社会科学出版社，2024.12. -- （中山大学粤港澳研究丛书）. ISBN 978-7-5227-4241-0

Ⅰ. D669.2

中国国家版本馆CIP数据核字第2024N63G17号

出 版 人	赵剑英
责任编辑	喻　苗
责任校对	胡新芳
责任印制	李寡寡
出　　版	中国社会科学出版社
社　　址	北京鼓楼西大街甲158号
邮　　编	100720
网　　址	http://www.csspw.cn
发 行 部	010-84083685
门 市 部	010-84029450
经　　销	新华书店及其他书店
印　　刷	北京君升印刷有限公司
装　　订	廊坊市广阳区广增装订厂
版　　次	2024年12月第1版
印　　次	2024年12月第1次印刷
开　　本	710×1000　1/16
印　　张	12.5
字　　数	163千字
定　　价	68.00元

凡购买中国社会科学出版社图书，如有质量问题请与本社营销中心联系调换
电话：010-84083683
版权所有　侵权必究

前　言

粤港澳大湾区建设是习近平总书记亲自谋划、亲自部署、亲自推动的重大国家战略，是新时代推动形成我国全面开放新格局的重大举措。习近平总书记在党的十九大报告中指出，要支持香港、澳门融入国家发展大局，以粤港澳大湾区建设、粤港澳合作、泛珠三角区域合作等为重点，全面推进内地同香港、澳门互利合作，制定完善便利香港、澳门居民在内地发展的政策措施。推进港澳青年创业（简称"港澳青创"）是粤港澳大湾区建设的一项重要任务，而制定实施有效的港澳青创扶持政策构成深入推进粤港澳大湾区建设的重要内容，是观察分析当前形势下推进粤港澳大湾区建设的重要基点。

2019 年在中共中央、国务院印发实施的《粤港澳大湾区发展规划纲要》中，就提出"为港澳青年创新创业提供更多机遇和更好条件"，其中推出多项有利港澳青年在内地创业发展的政策举措，比如加快建设港澳青年创业基地建设、条件符合的港澳青年创客享受所在城市的创业补贴、设立青年发展基金、推行促进港澳青创的实习计划等。自粤港澳大湾区建设作为国家战略实施一年多来，粤、港、澳三地鼓励港澳青年创新创业的落地政策日渐增多，广东省及大湾区内地 9 城市相继出台加强港澳青年创新创业及推进青创基地建设的实施方案，进一步密切了内地与港澳的互利合作，有效推动粤港澳经济社会发展以及为港澳青年到内地发展提供更多机会，整体地提升粤港澳大湾区的经济活跃程度和社会开放程度。

从粤港澳三地政府积极推进港澳青创的政策措施来看，港澳青年创新创业得到了国家和社会的高度重视与空前瞩目。尤其是，粤港澳大湾区珠三角9城市全面掀起了港澳青创基地建设的热潮，广东已建有60多家港澳青创基地，其中广州打造的港澳青创基地就多达28家，入驻项目200多个；深圳建有13家，几乎覆盖于每个区，400多个项目正在孵化和培育。港澳青创基地积极培育与引进港澳青年创业项目，在财税政策、平台服务、资源对接、法律援助、基础设施、创业培训等方面给予极大的帮助，向港澳青年创客提供了力所能及、细致周到的服务，港澳青创势头良好且成效初显，粤港澳大湾区逐渐发展成为港澳青年创新创业的热土和成长成才的舞台。

然而，由于粤港澳三地实行不同的政治经济制度，在司法制度、个体税收、社会保障、文化教育、生活习俗等方面存在不少的差异，使港澳青年在内地创业仍然遇到不少的体制机制性难题：第一，不熟悉粤港澳大湾区扶持港澳青创的财政资助或税收优惠政策，导致不少港澳青年创客不能及时享受相关资金资助；第二，港澳青年创业启动资金积累小，而且缺少相关的融资渠道或途径，其创业创新需要的资金链相对不完整，导致初创企业抗风险能力相对较弱，若是遇到发生重大情况或是突发事件的影响，不少初创企业就容易出现资金链断裂，从而处于一种"吊盐水"或是停工停产的状态，企业的生产和运营将举步维艰；第三，港澳初创团队创业对工作环境有较高的需求，这是因为一个好的创业环境可以提振创业热情和激情，但是不少港澳青年创客所享有的基础设施还相对不完善；第四，由于语言文化、生活习惯、政治制度的差异，港澳青年不能很快适应和融入内地生活，出现"水土不服"的现象，影响正常的工作与学习；第五，针对港澳青年创客的管理服务团队的专业水平和服务能力有待提升，例如专业背景不对口、服务能力不周全、沟通联系技巧不熟练等；第六，港澳青年创客在内地创业所具备的专业知识、素质能力还相对欠缺，需要成熟的孵化平台提供专业咨询和指导；第七，港澳青年对内地营商环境和市场规则还相对陌生，由于不熟知、不掌握内地法律知识，不能有效维护知识产权和处理商业纠纷；等等。上述问题构成困扰港澳青年创业者施展抱负的现实挑战，促使粤港澳三地逐渐采取有力的扶持政策来帮助港澳青年解忧排难。

为了更好理解粤港澳大湾区港澳青创扶持政策的政策过程及其实施路径，以及发现推进港澳青创过程中产生的创业典型，笔者根据一年多的跟踪关注和对一些地方的实地调研，以及广泛搜集和整理分析相关资料，编写本书。本书编写的篇章结构基本上是按照"政策源起—政策过程—国际比较"的逻辑思路展开（见图1），包括三部分内容：第一部分是政策源起，先是借助金登的三源流模型对港澳青创扶持政策的发展过程进行描述性分析，其后是重点分别分析内地城市、港澳地区采取哪些政策措施来扶持港澳青年创业创新；第二部分是政策过程，从"赋权"与"赋能"两种理论视角建构"权能双赋"的分析框架，用之于分析粤港澳大湾区港澳青创扶持政策的实施路径，并着重选择港澳青创基地和创业典型人物两方面内容予以分析，即关注港澳青创基地扶持港澳青年创业所面临的突出问题，以及聚焦分析港澳青创的典型人物及其特征表现；第三部分是国际比较，立足于粤港澳大湾区港澳青创的实践经验，与国际三大著名湾区促进青年人才创业创新的实践经验进行综合比较，找到进一步推动港澳青创的优化路径。

具体来说，本书的篇章结构主要分为七章，以及附录两则（见图1）。

第一章是对粤港澳大湾区港澳青创扶持政策的多源流分析。

```
港澳青创扶持政策研究
├── 政策源起
│   ├── 港澳青创扶持政策的多源流分析
│   ├── 内地城市推进港澳青创的保障措施
│   └── 港澳特区推进港澳青创的政策举措
├── 政策过程
│   ├── 权能双赋视角探讨港澳青创扶持政策的实施路径
│   ├── 以港澳青创基地为中心对港澳青创政策问题思考
│   └── 粤港澳大湾区港澳青创典型及特征表现
└── 国际比较
    └── 纽约湾区、旧金山湾区、东京湾区、粤港澳大湾区
```

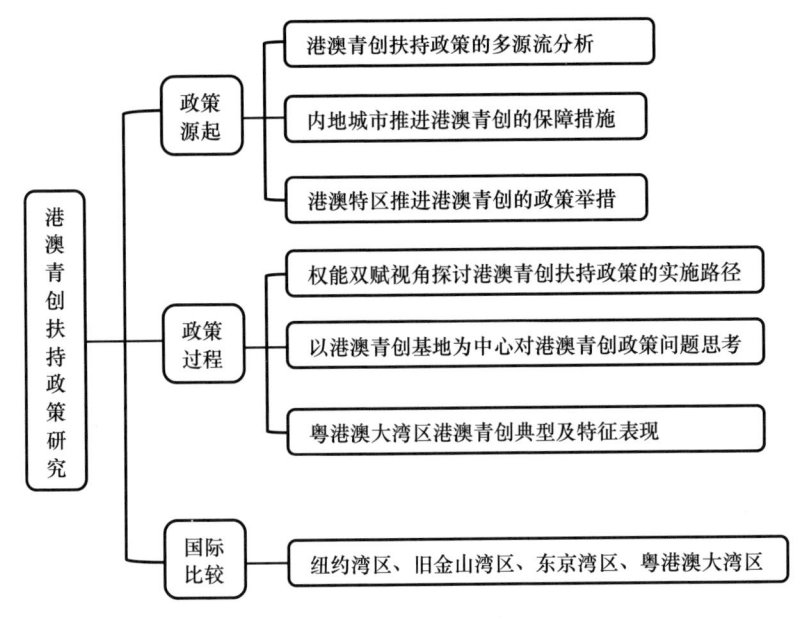

图 1　本书的篇章结构

在粤港澳大湾区推动港澳青年创业发展是支持港澳融入国家发展大局、全面推进内地同港澳互利合作的重大战略举措。以金登的三源流模型分析港澳青年创业扶持政策的制定与实施过程，发现问题源流是由港澳创业青年面临的体制机制性问题构成，政策源流则由政府部门及官员、人大代表、政协委员、专家学者、企业家等组成的政策共同体推动，他们提出的建议在政策制定系统中漂进和漂出。政治源流体现在港澳青年思维逐渐变化、社会舆论以及党政机构及领导人的高度重视方面，促使港澳青年创业的政策建议进入决策系统。党的十九大报告提出粤港澳大湾区建设的重大国家战略开启了政策之窗，政策企业家抓住机遇促使了三条源流的汇聚，有效推动港澳青年创业扶持政策落地。

第二章着重分析粤港澳大湾区内地城市推进港澳青创的保障机制及优化路径。习近平总书记强调港澳青年是香港、澳门的希望和未来，也是建设国家的新鲜血液。港澳青年既是粤港澳大湾

区建设的重要力量，也是引领大湾区经济社会创新发展的生力军。为促进港澳青年在大湾区创业，各级政府相继出台一系列政策措施。以前海深港青年梦工场为例，在财政扶持、基础设施、生活保障、创业指导、法律支持等方面，建立起一套行之有效的机制保障，为扶持港澳青年创业政策提供了重要经验。为进一步解决港澳青年创业遇到的体制机制性问题，提出发挥"一国两制"制度优势、保证港澳青年创业机制保障的连续性与适切性、重视政府引导与市场的基础性作用相结合、建立扶持港澳青年创业协调机制与机构、加强港澳青年创业政策宣讲和传播机制建设、落实解决港澳青年创业待遇享有问题等优化路径。

第三章专门研究港澳特区扶持港澳青年内地创业的政策举措及对策建议。订立有效而契合时代需要的青年创新创业政策，对于每个地方的发展都是十分重要的。香港、澳门作为粤港澳大湾区区域发展的两个核心引擎，肩负着推动港澳青年到粤港澳大湾区创新创业的重任，这是香港、澳门融入国家发展大局的重点工作，也是保持香港、澳门长期繁荣稳定的重要任务之一。香港、澳门特区政府如何制定合适有效的青年创业政策去回应青年人的生存发展和成长需要，是一个切实需要回答的问题。本章将聚焦分析港澳特区扶持港澳青年内地创业的政策举措及其现实意义，并结合粤港澳大湾区发展趋势，就港澳特区政府如何推进港澳青年内地创业提出建设性的推进路径。

第四章从"权能双赋"视角探讨港澳青创扶持政策的实施路径。制定与落实港澳青创扶持政策是推进粤港澳大湾区建设的重要内容。粤港澳大湾区各级政府实施港澳青创扶持政策实际上是沿着"赋权"与"赋能"两条路径并进，即"权能双赋"：在赋权上，围绕社会权利为中心展开权利资格的确认保障，对港澳青年的社会福利权、住房保障权、受教育权、平等就业权制定相应的法律法规；在赋能上，从青创基地建设、创新创业大赛、培训交流、税收优惠、创业资助、融资募投、推动社会参与等方面采取措施，促进港澳青年提升创业能力与创新意识。港澳青创扶持政策的发展模式尚处于探索实践的阶段，"赋权"与"赋能"两者相辅相成、不可偏废，需立足"权能双赋"视角上寻求促进港澳青创事业发展的推进策略。

第五章以港澳青创基地为中心对港澳青创政策相关问题进行思考。推进港澳青创对支持港澳融入国家发展大局、促进内地同港澳互利合作深具战略意义。《粤港澳大湾区发展规划纲要》实施一年来，粤港澳大湾区内地9城市全面兴起港澳青创基地建设热潮，势头良好且成效初显，但仍亟须理顺政治与经济、数量与质量、供给与需求、中心与周边、"内热"与"外冷"、政府市场与企业六方面的关系问题。大湾区内港澳青创基地建设进入热潮，使港澳青年创新创业获得重要保障，但在建设过程中可能出现或正在形成五种不良倾向，包括盲目主义、功利主义、形式主义、泛化主义和多头主义，将对港澳青年双创产生消极的影响。港澳青创基地建设需警惕防范上述不良倾向，寻找有效的路径加以改进完善。

第六章分析粤港澳大湾区港澳青创典型人物及其特征表现。时代在不断发展，每个人都是时代之轮前进的推动者，而青年是其中最富活力、最具创造性的群体。在粤港澳大湾区建设进程中，港澳青年是重要力量来源。根据粤港澳三地的报刊报道，通过收集和整理相关人物创业故事，特意选出30位在珠三角九市创业的港澳青年，简要讲述他们的创业经历，对他们这个创业群体的特征表现进行概括分析。在未来，港澳青年应该在立足港澳、胸怀祖国、放眼世界之上，把握千载难逢机遇，积极融入粤港澳大湾区建设中，发挥自身特长及激发创业潜能，用砥砺奋进、创新创业的实际经历在全球市场上讲好包括港澳青创在内的中国青年创业故事。

第七章是对粤港澳大湾区港澳青创的国际比较及路径启示分析。推动港澳青年在大湾区创业创新，是新时代国家支持港澳融入国家发展大局、推进内地同港澳互利合作的重要举措。纽约、旧金山、东京三大国际湾区在推动人才创业创新上具有独特经验，体现在区位优势、产业布局、创新体系、交通设施、生活环境等方面。粤港澳大湾区作为成长中的世界级湾区，其区位优势、财政政策、科研体系、交通网络和公共服务供给对推动港澳青创的作用正在逐渐显现。结合粤港澳大湾区实际，需要从健全完善港澳青创机制保障、政府有限干预与市场主体作用相结合、突破体制机制性障碍、提升技术含量和创新质量、参与国家建设并主动接轨国际等路径来优化推进港澳青年创业发展。

最后是两则附录。附录一是有关粤港澳大湾区内地城市港澳青创扶持政策的收集与整理，附录二则是简要介绍粤港澳大湾区城市主要港澳青创基地相关内容。编写两则附录的主要目的是作为一种指南手册，帮助赴内地创业发展的港澳青年创客熟知大湾区城市推进港澳青创发展的政策措施，以及港澳青创基地的相关信息，助力港澳青年创新创业找到合适的发展目的地，提高港澳青年对粤港澳大湾区的知识理解与熟知程度。

在本书的写作过程中，为更好分析粤港澳大湾区城市推进港澳青创的扶持政策，作者尽可能从多方面、多维度地收集与整理实证材料，并尝试从专业角度做理论分析，反复修改并加以完善。但是，由于作者能力和水平有限，而且写作时间较短，难免有所疏漏，错误有所难免，还请广大读者批评指正。粤港澳大湾区城市推进港澳青创是一种正在进行时的工作，尚处于探索实践阶段，仍然需要做很多工作，在实践中可予以继续观察，希望能与同行者共同努力探讨该项议题，助力港澳青年创业发展于粤港澳大湾区。

目 录

第一章 粤港澳大湾区港澳青创扶持政策的多源流分析 …………… (1)
 一 研究问题与多源流模型 …………………………… (1)
 二 问题源流：港澳青年创业面临的体制机制问题 ……… (6)
 三 政策源流：政策共同体的政策建议 ………………… (9)
 四 政治源流：港澳青年思维转变、社会舆论及领导重视 ………………………………………… (13)
 五 政策之窗开启：重大国家战略机遇期 ……………… (16)
 六 小结 ……………………………………………… (18)

第二章 粤港澳大湾区内地城市推进港澳青创的保障措施 …………………………………………… (21)
 一 新时代背景下的港澳青创 …………………………… (21)
 二 青年创业研究的文献回顾 …………………………… (22)
 三 粤港澳大湾区扶持港澳青年创业的政策供给 ……… (26)
 四 粤港澳大湾区推进港澳青创的三大样本经验 ……… (30)
 五 小结 ……………………………………………… (41)

第三章 港澳特区政府扶持港澳青年内地创业的政策举措 …………………………………………… (47)

    一　从港澳视角研究港澳青创扶持政策 …………… (47)
    二　香港特区政府促进香港青年内地创业的政策举措…… (48)
    三　澳门特区政府促进澳门青年内地创业的政策举措…… (57)
    四　港澳特区政府推进港澳青年创业的现实意义 …… (62)
    五　小结 ……………………………………………… (63)

第四章　权能双赋视角下港澳青创扶持政策的实施路径 …… (67)
    一　港澳青创扶持政策的实施路径：赋权与赋能 ……… (67)
    二　权能双赋：一个分析框架 ……………………… (69)
    三　赋权：着重港澳青年创业的权利保障 ………… (72)
    四　赋能：聚焦于港澳青年创业能力提升 ………… (76)
    五　小结 ……………………………………………… (90)

第五章　以港澳青创基地为中心的港澳青创政策
       问题思考 …………………………………………… (95)
    一　粤港澳大湾区港澳青创基地建设的阶段目标 ……… (95)
    二　港澳青创基地的建设模式及其基本标准 ………… (97)
    三　港澳青创基地建设亟须理顺六种关系问题 ……… (101)
    四　港澳青创基地建设要防范五种不良倾向 ………… (108)
    五　小结 ……………………………………………… (112)

第六章　粤港澳大湾区港澳青创典型及其特征表现 ……… (114)
    一　港澳青年创业与新时代粤港澳大湾区建设 ……… (114)
    二　港澳青年创业典型的简要情况 ………………… (115)
    三　港澳青年创业群体的特征表现 ………………… (126)
    四　小结 ……………………………………………… (128)

第七章 粤港澳大湾区港澳青创的国际比较及路径启示 …………（131）
　　一　港澳青创与粤港澳大湾区建设 …………………（131）
　　二　促进人才创业创新的国际湾区经验 ……………（133）
　　三　粤港澳大湾区推动港澳青创的实践优势 ………（140）
　　四　粤港澳大湾区促进港澳青创的独特之处 ………（145）
　　五　粤港澳大湾区进一步推动港澳青创的路径选择 ……（150）

附　录 ………………………………………………………（154）
　　附录一　粤港澳大湾区内地城市扶持港澳青创
　　　　　　政策一览 ……………………………………（154）
　　附录二　粤港澳大湾区城市主要港澳青创基地一览 ……（162）

参考文献 ……………………………………………………（177）

后　记 ………………………………………………………（184）

第一章 粤港澳大湾区港澳青创扶持政策的多源流分析[*]

在粤港澳大湾区推动港澳青年创业发展是支持港澳融入国家发展大局、全面推进内地同港澳互利合作的重大战略举措。以金登的三源流模型分析港澳青年创业扶持政策的制定与实施过程，发现问题源流是由港澳创业青年面临的体制机制性问题构成，政策源流则由政府部门及官员、人大代表、政协委员、专家学者、企业家等组成的政策共同体推动，他们提出的建议在政策制定系统中漂进和漂出。政治源流体现在港澳青年思维逐渐变化、社会舆论以及党政机构及领导人的高度重视，促使港澳青年创业的政策建议进入决策系统。党的十九大报告中提出粤港澳大湾区建设的重大国家战略开启了政策之窗，政策企业家抓住机遇促使问题源流、政策源流与政治源流三条源流形成汇聚，有效推动着港澳青年创业扶持政策落地。

一 研究问题与多源流模型

近些年来，港澳青年赴内地创业的团队和人数越来越多。在广东设立的港澳青创平台吸引创业团队达360多个，就业人员近

---

[*] 本章原文原载于《当代青年研究》2020年第6期，此次收录对相关内容有所改动和补充。

4000人。其中，以广州、深圳建立的港澳青创基地数量最多：广州设有港澳青创基地达20多家，引入创业团队110个；深圳特区建有13家港澳青创基地，几乎覆盖至每个区。目前，粤港澳大湾区包括广州、深圳、珠海、惠州等内地城市成为大量港澳青年创业者的首选地，是港澳青年在内地创业发展的重要集聚区域。为进一步鼓励、支持和吸引更多有志于创业的港澳青年来大湾区发展，从中央到地方政府出台一系列扶持港澳青年创业的政策措施，如中共中央、国务院的《粤港澳大湾区发展规划纲要》，广东省政府的《关于加强港澳青年创新创业基地建设的实施方案》，广州市政府的《关于鼓励港澳青年来穗创新创业工作方案》，深圳市前海管理局的《关于支持港澳青年在前海发展的若干措施》等，提供了涵盖物质资本、人力资本、社会资本、技术资讯、公共服务、特色创业活动与平台等各方面条件支持，并着力从加强财政扶持、基础设施、生活保障、创业指导、法律支持等机制保障来满足港澳青年创业需求，一定程度上解决了港澳青年创业遇到的实际困难和问题，为深入推动港澳青年创业发展提供了有效化政策支持与系统化的机制保障。

近年来学界陆续出现一些较有现实意义的港澳青年创业研究。涂敏霞通过采用问卷调查方法综合比较穗、港、澳、台四地青年的创业意愿、创业动机和创业机制等方面的差异。[1] 林至颖探讨香港青年赴粤港澳大湾区创业面临政策法律、知识产权保护、社会文化、内地市场规则等领域产生的问题及其应对思路。[2] 谢宝剑等重点分析港澳青年创业于粤港澳大湾区所面临的挑战，包括三地语言、生活、文化、价值观差异；三地薪酬、税收、福利、保障

---

[1] 涂敏霞：《穗港澳台青年创业的意愿、动机及机制的比较研究》，《青年探索》2013年第3期。
[2] 林至颖：《香港青年赴粤港澳大湾区创业的机遇、挑战及应对》，《港澳研究》2018年第1期。

制度的差异；信息不对称；港澳青年自身的能力与内地创业的需求存在一定的差异；营商环境与公共治理环境的差异。[①] 单耀军等从澳门回归20年历程看，国家为澳门青年内地创新创业创造提供更为广阔的平台空间，制定相关政策从外资审批、身份核证、登记注册等方面鼓励澳门青年在内地创业发展。[②] 卢雯雯、邹平学专门分析香港青年在粤港澳大湾区内地城市创业的现状、困境与趋势，勾勒出香港青年在粤港澳大湾区的创业生态。[③] 张光南则从企业发展案例、创业者故事以及创业政策支持等方面呈现港澳青年在内地创业的成功经验，并归纳内地和港澳政府的创业支持措施。[④] 这些研究对港澳青年创业现状、问题表现及其影响因素进行了针对性研究，为港澳青年创业扶持政策进一步研究提供了丰富的经验基础。但总的来看，当前研究对港澳青年创业者群体还没有引起足够的重视，而且也缺乏严格的知识框架去理解港澳青年创业扶持政策的问题性质与时代内涵。尤其是，港澳青年创业扶持政策是何以出台？其中，港澳青年创业的政策议程是如何构建的？推动港澳青年创业进入政策议程的关键力量有哪些？这些问题还没有得到很好的解释。

目前，学术界对创业研究的理论视角较多。例如，一般是从制度层面探讨创业行为或创业活动问题，一般是有两种路径：一种是采用制度理论来解释微观层次的创业行为和战略选择，直面创业和企业面临的缺陷问题，寻找有利于企业生存成长的策略，探索打破既有制度约束并推行和建构新制度的创业过程；

---

① 谢宝剑、胡洁怡：《港澳青年在粤港澳大湾区发展研究》，《青年探索》2019年第1期。
② 单耀军、王贺：《回归祖国20年来澳门青年政策体系形成的基本历程》，《青年发展论坛》2019年第6期。
③ 卢雯雯、邹平学：《香港青年在粤港澳大湾区内地城市创业的现状、困境与趋势》，《青年发展论坛》2019年第1期。
④ 张光南：《港澳青年内地创业：企业案例·创业者故事·政府政策》，中国社会科学出版社2018年版。

另一种是讨论国家或地区层次制度特征对创业活动的影响，在经济学研究领域应用较普遍，认为创业活动对经济增长的贡献取决于创业活动的结构特征，注重改善或提升创业活动的质量。[①] 有研究者则利用组态视角研究创业，提出将组织演化理论和个体主动性理论结合，开展人、组织和环境匹配研究的思路，并延伸提出组态视角应用到新企业战略和创业导向、商业模式、创新和资源拼凑等创业研究领域的思路。[②] 也有研究者将组织演化理论与创业理论紧密联系起来，结合中国的情境，分析创业者的身份认同、制度环境对创业行为的影响以及创业过程中的组织边界建构。[③] 为了更好地研究港澳青年创业扶持政策，本章另辟蹊径，坚持问题为导向，从粤港澳大湾区建设的实际出发，引入公共政策学的多源流模型对港澳青年创业遇到的体制机制性问题进行系统性分析。

多源流模型是一种公共政策过程理论，它是由美国著名政策科学家、政治学家约翰·W.金登在1955年提出来的。多源流模型作为一种经典的政策科学理论，既是借鉴了决策理论，也是建立在科恩、马齐和奥尔森提出的组织选择的"垃圾桶模型"之上，从而开发出从问题源流、政策源流和政治源流来理解政策过程，探究议程设定、备选方案与公共政策之间的关系，如今在世界范围内被广泛应用于公共政策过程分析。在《议程、备选方案与公共政策》一书中，他开创了从问题源流、政策源流和政治源流来构建政策议程的设置过程，探讨政策议程设置与公共政策出台之间的关系。其中，问题源流是阐释问题是如何引起相关方注意的；

[①] 杨俊、牛梦茜：《制度如何影响创业：一个跨层次的分析框架》，《管理学季刊》2019年第2期。

[②] 杜运周：《组织与创业领域——组态视角下的创业研究》，《管理学季刊》2019年第3期。

[③] 田莉、刘旻昱：《组织演化理论在创业领域的研究应用探讨》，《管理学季刊》2019年第3期。

政策源流是指政策建议产生、讨论、重新设计以及受到重视的过程；政治源流是对问题解决产生影响的政治过程。他的最为重要的发现就是，政策之窗打开之后，将促使彼此独立的问题源流、政策源流和政治源流发生汇聚，推动形成新公共政策或者以新政策措施替代不符合社会发展需求的政策措施，实现政策工具更新。金登在就专门讨论政策议程设置过程，对多源流模型中的问题源流、政策源流、政治源流、政策窗口等概念内容做了严格界定与精准阐释。2016年公共政策领域的两本重要杂志《政策研究杂志》和《政策科学》，相继出版多源流框架的专题研讨，这标志着多源流框架逐渐为公共政策研究者所认可。[1] 正是由于多源流模型成为了从决策视角理解政策过程的代表性理论，也成为政策过程主流理论中最具有竞争性的理论之一。有研究对多源流模型的不足进行修正，如认为多源流没考虑到制度在政策选择中的作用，重视制度及模糊性与多源流模型的关系；[2] 也有研究对政策企业家的作用存在分歧，强调多源流的融合过程并非仅依靠政策企业家。[3] 这些对多源流模型的扩展与修正，进一步拓展了多源流模型的应用范围，提高了它的应用普遍性与价值性。不过无论如何，金登的多源流模型是一种影响力深远的公共政策理论，已被广泛应用于分析不同国家不同政策的制定过程，从而拓展了公共政策阶段分析的研究空间，为学界深入探讨政策制定与议程设置过程做出了一项重要贡献。

也正是因为不少国外学者使用多源流模型作为分析工具，成功地解释了西方政策过程遇到的诸多现象，从而引起了我国不少

---

[1] 李文钊：《多源流框架：探究模糊性对政策过程的影响》，《行政论坛》2018年第2期。

[2] Nikolaos Zahariadis, "Delphic Oracles: Ambiguity, Institutions, and Multiple Streams", *Policy Sciences*, Vol. 49, No. 1, 2016.

[3] Robert Ackrill, Adrian Kay, "Multiple Streams in EU Policy-making: The Case of the 2005 Sugar Reform", *Journal of European Public Policy*, Vol. 18, No. 1, 2011.

研究者的关注。在中国情境下，目前多源流模型得到政策科学研究者高度重视并被普遍应用于国内公共政策的研究。不少研究者以多源流理论为分析工具探讨流浪乞讨人员救助管理政策[①]、跨行政区水污染防治合作政策[②]、单独二胎政策[③]、上海自贸试验区设立[④]、共享单车政策[⑤]，解释这些政策议程设置发生的原因、过程和后果，总体上显现多源流模型对中国公共政策议程设置以及政策制定与实施过程具有适用性与解释力。对此，本章以期待借助三源流模型对港澳青年创业扶持政策的政策过程进行理论解释，通过观察粤港澳大湾区港澳青年创业扶持政策的推进与实施过程，发现三个源流及政策之窗开启对港澳青年创业扶持政策制定与执行所产生的不同程度之影响，从而期待能够从广度和深度上拓宽青年创业政策的研究领域。

二 问题源流：港澳青年创业面临的体制机制问题

在金登看来，问题源流主要关注人们到底是怎样将某件事情界定为问题的，且如何让紧迫的问题成为一个主题在政策议程上获得显著地位，亦即要如何吸引政府官员更多的注意力。至于多大程度上能够引起他们的关注，取决于各种机制包括指标、焦点

---

① 周超、颜学勇：《从强制收容到无偿救助——基于多源流理论的政策分析》，《中山大学学报》（社会科学版）2005年第6期。
② 毕亮亮：《"多源流框架"对中国政策过程的解释力——以江浙跨行政区水污染防治合作的政策过程为例》，《公共管理学报》2007年第2期。
③ 吴阳熙：《多源流理论视阈下"单独二胎"的政策议程分析》，《理论与现代化》2014年第4期。
④ 朱朝霞、陈琪：《政治流为中心的层次性多源流框架及应用研究——以上海自贸区设立过程为例》，《经济社会体制比较》2015年第6期。
⑤ 方浩、杨建：《基于多源流模型视角的政策议程分析——以共享单车为例》，《电子政务》2019年第1期。

第一章　粤港澳大湾区港澳青创扶持政策的多源流分析

事件和反馈等方面的影响。① 可以说,问题源流中的"有问题就解决问题"是公共政策制定和执行的出发点。港澳青年创业问题源流就体现在港澳青年在创业过程中遇到的体制机制性问题,如财政支持、投资优惠、基础设施、生活配套、管理服务、平台基地以及法律支援等问题,都是困扰港澳青年创业者施展抱负的现实挑战。其中,这些问题能否引起决策者的关注,成为问题源流的关键环节,只有那些被决策者重视和关注的现实问题,才能进入政府扶持政策的决策过程,促使行政机构及官员制定健全完善的政策举措去系统解决港澳青年创业的机制性问题。具体而言,港澳青年创业遇到的体制机制性问题包括如下几方面:

第一,港澳青年在大湾区创业面临其他湾区所没有的制度与体制难题。与其他国际湾区相比,粤、港、澳三地实行不同的政治经济制度,形成三个关税区,其经济体系、营商环境和法律制度、社会结构的差异性给港澳青年创业带来不少阻力。由于一些港澳青年对内地相关法律制度不甚了解和熟悉,面临不断上升的创业风险与创业成本,企业的成活率和创业成功率也备受挑战。如何将体制差异转化为体制优势并实现互补共赢,是制定港澳青年创业扶持政策首要考虑的重要问题。

第二,港澳青年创业保障机制不健全不完善。这表现在港澳青年创业过程中遇到的诸多问题:有技术但无充足的创业起步资金、政府的财政资助和政策优惠力度不够;创业环境的基础设施便利化程度不高,亟须提供国际化硬件设施和一流的配套服务;衣食住行等生活配套服务设施亟待完善,港澳青年创业者面临着内地租金不断上涨的压力;创业者自身专业知识和技能有待提高,需要专业的管理服务机构和合作平台提供咨询、指导和管理;港

---

① [美] 约翰·金登:《议程、备选方案与公共政策》,中国人民大学出版社2017年版,第106—107页。

澳青年创业遇到不少法律性事务无法有效解决,如何对接律师事务所、会计师事务所、咨询公司、知识产权保护机构、政府资助申报机构等,需要专业的法律咨询服务机构提供帮助;港澳青年创业者在创业政策信息获取上存在信息不对称问题,亟须完善港澳青年创业政策宣传与传播机制。这些问题的存在给港澳青年创业带来了不少挑战,亟须政府为推动港澳青年创业建立一套较为健全完善的机制保障。虽然粤港澳大湾区一些城市对港澳青年创业的机制保障陆续推进,但是有些保障机制仍然停留在文本上,细节上有不少技术性难题需要克服。

第三,港澳青年创业群体自身面临的发展性问题。由于港澳青年长期居住于香港、澳门两地,生活习俗与语言文化、价值观有所差异,而且受教育环境与内地不尽相同。因而,港澳青年赴粤港澳大湾区发展将面临不少发展性问题,例如对粤港澳大湾区相关政策认识不够深入、对内地法律及制度认识不够熟悉、对内地生活认识不能很快适应、对处理内地行政部门事务感到吃力,需要港澳特区政府以及珠三角九城市政府出台更多针对专业领域的扶持政策及配套措施,帮助到大湾区创业发展的青年提供住宿方面支援,能够提供全面的法律援助,设立专门的大湾区创业跟进小组以协助港澳青年解决创业难题。同时,也需要粤港澳三地政府加强粤港澳大湾区政策解读深度,或由专业人士或政府部门以录制视频形式解读相关政策,或设立综合咨询平台以接受市民咨询粤港澳大湾区政策。

第四,港澳青年创业者在国内享有的"国民待遇"问题未能妥善解决。目前,在内地创业的港澳青年日益渴望享有与内地居民同等的待遇,这也是吸引更多港澳青年来内地创业需要解决的政策性问题。港澳青年对在国内创业就业所要享受的国民待遇,表现在依法享受劳动就业、参加社会保险、缴存提取和使用住房公积金的权利,以及政府提供义务教育、公共卫生、公共文化教育、法律援助等基本公共服务，并依规享受乘坐交通运输工具、办理金融业务、生育服务登记、机动车登记等政策便利方面。虽然国家在2018年颁发实施《港澳台居民居住证申领发放办法》，但是大湾区一些地市对港澳青年创业者享有内地居民待遇的政策措施落实不一，对港澳居民内地居住证实施以及其代表的公共福利权解释和实施细则各有不同，有些地方的落实程度还较为缓慢。

三　政策源流：政策共同体的政策建议

政策源流关注某一主题的政策建议产生、讨论、重新设计以及受到重视的过程，而且这个过程是在政策共同体中发生的，政策建议就是在这个共同体中四处漂浮。政策共同体是由一些专业人士组成，如政府机构及其成员、立法会议员、专家学者、企业家以及压力集团等。他们对主要问题提出不同的政策建议，并考虑其政策建议是否赢得普通公众和专业化公众的默许，而且他们还要对自己的政策建议进行修改以获得民选官员的批准。[①] 从这个角度来看，政策源流主要关注的问题是如何进入政策议程并被选择和建构起来的。港澳青年创业遇到的体制机制性问题被政策共同体中的一部分人识别和关注之后，他们就会对这些问题提出不少具有针对性、建设性的政策建议，甚至是向政府部门及其工作人员提交专门性的提案，这些政策建议在政策制定系统中漂进和漂出，从而形成了扶持港澳青年创业的政策源流。在政策共同体中的这些人，就有政府部门及官员、人大代表、政协委员、学者、社会人士、企业家、科研院校、民意智库、社会团体。他们针对问题源流呈现出来的问题特征以及突出的问题，通过反复讨论、

[①] ［美］约翰·金登：《议程、备选方案与公共政策》，中国人民大学出版社2017年版，第135—136页。

调研、修改和完善等一系列程序，提出让政府官员和港澳青年创业者所能接受和认可的解决方案，为推动港澳青年创新创业提供政策优惠或便利服务。

来自广东省以及香港和澳门特区的人大代表、政协委员，在全国以及广东的"两会"期间提交的提案就有不少提到港澳青年创业议题，主要涉及如何带动港澳青年特别是港澳青年企业家、创业人员更有效融入粤港澳大湾区发展，促进大湾区有效提升适合优质人才的创业环境条件。例如，2017年一份向深圳政协提交的《关于推动深港两地青年创业的提案》就提出创建一个非官方背景的深港跨境培训APP，以深圳为基地，集结香港人才资源，以专长助力深圳青年人才成长和香港青年创业发展，从而扩大和加强深港两地青年的文化交流和友好互动。2018年来自港澳地区的全国政协委员在全国"两会"中提交《关于促进粤港澳大湾区青年人才培养以推动湾区建设与发展的提案》《关于促进粤港澳大湾区青少年融合发展的提案》，其中就有搭建粤港澳大湾区青年创新创业平台，为港澳青年创业就业广开实习渠道，为港澳青年到内地就业创业提供更多选择和更便利条件的建议。例如，对于港澳青年来内地创业就业人员，按条件颁发"粤港澳大湾区青年创新创业绿卡"，使持卡青年在出入境、子女入学、社会保险、医疗、金融、购房、税收等方面享受内地居民待遇和优惠便利服务。2018年在广东"两会"上也有政协委员提交《关于进一步打通壁垒，逐步推动港澳地区青年来粤创业就业的建议》，针对港澳青年在内地就业创业存在的限制性规定，其建议探索推出"粤港澳大湾区青年卡"，具备身份证明、金融、公交、工商登记、医保社保等功能，以便利港澳青年在粤教育、工作和生活。同时，结合"香港大学生暑期来粤实习计划""展翅计划"，为港澳大学生提供更多的IT、金融、通信等热门行业的实习岗位。在推进港澳青年创业上，放宽港澳居民在内地创业的业务范畴及工商限制，成立"粤港澳大湾区青年创业扶持基金",为来广东创业发展的港澳青年提供金融支持等。

同时,来自粤、港、澳三地的专家学者不定期地在《人民日报》、南方报系、广东地方报刊以及港澳两地的《大公报》《文汇报》《澳门日报》等报纸发表相关文章,提出港澳青年创业遇到的困难与问题,并为促进港澳青年创业提出较有可操作性、建设性的意见建议。此外,研究型机构和智库也对港澳青年创业进行一系列研究,香港广东青年总会联合明汇智库进行《香港青年粤港澳大湾区发展指数报告》,内容就重点调查影响香港青年创业发展的因素,包括性别、年龄、教育程度、收入、住房类型、普通话水平等个人基本背景信息,以及内地经验的影响、广东省的优势与劣势,并就医疗、子女教育、住房、交通和退休养老方面提出政策方案。[①] 全球化智库与南方国际人才研究院在2018年发布的《粤港澳大湾区人才发展报告》,提到粤港澳三地人才跨境流动在税制冲突、出入境欠便利、公共服务尚未衔接、粤港澳科技创新合作不紧密等问题,将会影响到港澳青年创业者的积极性与主动性,就人才互联互通路径提出相应的改善建议,如实施粤港澳三地人才流动计划、降低港澳人才税负水平、粤港澳三地人才来往"无证化"、建立粤港澳大湾区人才执业资格互认制度、粤港澳三地"社保+医疗+教育"互认互通,等等。[②]

除此之外,相关政府部门也是港澳青年创业的重要推动者。从中央、省级到市一级政府部门在相关指导意见、发展规划、框架协议上,探索试行一系列政策措施来支持、鼓励和吸引港澳青年到大湾区内地城市创业发展。

在中央层面,2015年国务院出台《关于大力推进大众创业万

[①] 香港广东青年总会、明汇智库:《香港青年粤港澳大湾区发展指数2018》,2018年。
[②] 全球化智库、南方国际人才研究院:《粤港澳大湾区人才发展报告》,2018年。

众创新若干政策措施的意见》，提出为加快推进青年创业的发展，采取创新体制机制、优化财税政策、搞活金融市场、实现便捷融资等措施。国务院在 2016 年实施《关于深化泛珠三角区域合作的指导意见》，强调要积极推进港澳青年创业基地建设，鼓励和支持社会资本设立泛珠三角区域创业投资基金，激发区域创新创业活力，并大力发展众创空间，支持广州国际创新城等一批大型创新创业平台建设，着力推进泛珠三角区域大众创业、万众创新。2017 年中共中央、国务院出台的《中长期青年发展规划（2016—2025 年）》，更强调要积极创造条件，搭建港澳台青年来内地创新创业平台，支持港澳台青年在国家发展及海峡两岸暨港澳经贸融合中寻找发展机会，为港澳台青年就业创业提供便利服务。

在省级层面，广东省政府与香港签订的《粤港合作框架协议》以及与澳门签订的《粤澳合作框架协议》中，都涉及推动港澳青年创业的政策措施。2017 年由国家发改委、广东省政府、香港和澳门特区政府共同制定的《深化粤港澳合作推进大湾区建设框架协议》，就将推进港澳青年创业就业基地建设作为支持粤港澳重大合作平台建设的主要内容。2018 年广东省委、省政府出台《广东中长期青年发展规划（2018—2025 年）》，提出建设青年家园、创业基地等港澳青年综合服务阵地，开设港澳青年服务热线，推动教育、医疗、就业等社会公共服务有效衔接。

在市级层面，珠海市自 2012 年以来就制定落实《珠海市港澳青年创业基地管理规定》《珠海市人民政府鼓励港澳青年来珠海创业的指导意见》和港澳人才发展支持计划，对港澳青年创业就业提供全方位、立体式、叠加式的政策支持。2017 年广州市天河区出台《推动港澳青年创新创业发展实施办法》，有利于加强广州市与港澳合作交流，吸引港澳青年来广州创新创业。深圳市也出台《关于支持香港青年在前海发展的若干措施》，从港澳青年实习、就业、创业、住房、交通、教育、社保等全方位对港澳青年来前海发展提供支持和保障。

从中央到地方实施鼓励港澳青年创业的措施看,显示党和政府对扶持港澳青年人才在大湾区创业发展的高度重视。2019年2月由中共中央、国务院颁发的《粤港澳大湾区发展规划纲要》正式明确提出,要为港澳青年创新创业提供更多机遇和更好条件,其中采取扶持港澳青年在内地创业发展的政策举措更全面、更强有力:支持港澳青年和中小微企业在内地发展,将符合条件的港澳创业者纳入当地创业补贴扶持范围,积极推进深港青年创新创业基地、前海深港青年梦工场、南沙粤港澳(国际)青年创新工场、中山粤港澳青年创新创业合作平台等港澳青年创业就业基地建设,以及实施推动港澳青年创业的暑期实习计划、就业项目、成果转化、交往交流以及青年发展基金等。[①]

四 政治源流:港澳青年思维转变、社会舆论及领导重视

独立于问题源流和政策源流而流淌的政治源流,对政策议程过程具有明显的促进作用或者抑制作用,它更为关注的是对政府决策系统产生影响的政治性因素,它由诸如公众情绪的变化、压力集团间的竞争、选举结果、政党或者意识形态分布状况及政府的变更等因素构成。[②] 基于此,金登将政治源流视为政策议程的重要组成部分,它的流淌是由诸如公众情绪、压力集团间的竞争、选举结果、政党或者意识形态在国会中的分布状况以及政府变更等因素构成。从中国语境看,港澳青年创业扶持政策的制定与实

[①] 中共中央、国务院:《粤港澳大湾区发展规划纲要》,人民出版社2019年版,第41页。

[②] [美]约翰·金登:《议程、备选方案与公共政策》,中国人民大学出版社2017年版,第137页。

施是由港澳青年思维变化、社会舆论、党政机构及领导人重视构成的政治源流推动。

首先,港澳青年思维逐渐转变。对于国民情绪,金登认为是"一个国家里有大批的民众正沿着某些共同的路线思考,这种国民情绪以明显的方式经常发生变化,而且国民情绪或者国家气候的这些变化对政策议程和政策结果具有重要的影响"[①]。粤港澳大湾区港澳青年创业能够被极其重视,其中一个重要原因是港澳青年思维逐渐发生了转变,它体现在相当部分港澳青年价值取向与利益诉求逐渐发生变化,表现为港澳青年对粤港澳大湾区国家战略的熟悉与了解程度不断加深,以及到内地创业就业的愿望有所增强,认识到在粤港澳大湾区创新创业大有可为。香港广东青年总会和明汇智库在 2017 年发表的一份报告中提到,港澳青年对于北上发展的热情在不断升温,而且在粤香港青年对国家的认同感偏向正面,包括国家的经济、政治和社会发展,并且能够认同自己的中国人身份。[②] 这两个机构在 2018 年发表的另一份报告中也提到,接近过半数的受访者认为香港青年赴大湾区发展具有三大优势:专业化服务、国际化管理经验以及科技创新人才。成本低、市场大是促进香港青年到广东省创业的主要动力。[③] 据香港青年联会属会"香港青联学生交流网络"在访问 450 名香港大学生中,超过 90% 香港青年看好中国经济发展前景,尤其是粤港澳大湾区发展前景,近 80% 的青年愿意在内地就业创业,吸引他们的是更加利好的大湾区政策。[④] 从中可以发现,港澳青年思维之所以发生

---

① [美] 约翰·金登:《议程、备选方案与公共政策》,中国人民大学出版社 2017 年版,第 138 页。
② 香港广东青年总会、明汇智库调研报告:《推动香港青年积极参与粤港澳大湾区发展的政策建议》,2017 年。
③ 香港广东青年总会、明汇智库调研报告:《香港青年粤港澳大湾区发展指数 2018》,2018 年。
④ 谢宝剑、胡洁怡:《港澳青年在粤港澳大湾区发展研究》,《青年探索》2019 年第 1 期。

积极变化，在于他们逐渐意识到进入粤港澳大湾区创业是促进个人发展与实现人生价值的重要机遇期。

其次，社会舆论热切关注。推动港澳青年到粤港澳大湾区创业发展是大势所趋，符合社会长远发展需要。长期以来，港澳青年创业一直是新闻媒体和社会舆论的关注焦点。《人民日报》、南方报系、广东地方报刊以及港澳两地报纸如《大公报》《文汇报》《澳门日报》《濠江日报》等，这些媒体积极响应国家的时代号召，开辟大湾区专栏持续报道港澳青年创业，并专门邀请一批专家学者集中分析港澳青年创业的发展机遇、政策利好、优势条件，并选取来自大湾区内地 9 个城市不同领域的创业港澳青年代表，深入挖掘和全方位宣传创业典型人物的成功案例以及分享他们的创业经验史，如香港青年陈贤翰在广州市天河区设计行业创业发展的故事，三位香港青年罗伟特、梁立锋和谭慧敏在江门成功推进"鱼菜共生"生态循环种植技术项目的经历，澳门青年谢嘉荣在中山成功推进"医院近视系统"的创业项目，以及众多在前海深港梦工厂创业成功的港澳青年团队。新闻媒体集中报道在粤、港、澳三地营造了港澳青年创业的良好氛围，吸引了港澳青年的广泛关注，鼓励越来越多的港澳青年选择北上创业发展，以提升港澳创业青年作为"大湾区人"的归属感。因此，政府在推动港澳青年创新创业过程中，媒体舆论有效配合了党和政府的舆论宣传工作，协助推动港澳青年创业扶持政策顺利实施。

最后，党政机构及领导人的重视。香港和澳门自回归以来，党和国家坚持以人民为中心，坚持"一国两制""港人治港""澳人治澳"的方针，坚持严格依照宪法和《基本法》办事，积极促进支持港澳融入国家发展大局、全面推进内地同港澳的互利合作。因此，推动港澳青年到内地创业创新发展是应有之义，这既为港澳青年实现个人发展、人生价值提供了机遇，也是国家推动人心回归的战略性举措。在实践中，粤港澳三地政府高度重视与培养港澳青年人才,通过政府间的协调合作提供多种措施来鼓励、支持港澳青年创业,如实施"港澳青年创新创业训练营""中葡青年创新创业交流计划"等培训活动,启动"粤港澳大湾区青年创新创业大赛""前海粤港澳青年创新创业大赛""中国(深圳)创新创业大赛国际赛"等多种形式的创业比赛。同时,负责港澳青年创业的业务部门涵盖了党的组织机构,以及商务、外事、港澳办等政府部门及共青团、妇联、工会等群团组织,它们对推动港澳青年创业进行多方位的协调合作。当然,领导人的重视也是政治源流的重要部分。2018年11月12日,习近平总书记会见香港澳门各界庆祝国家改革开放40周年访问团,在面对会上的港澳青年创业者时,就强调要"为港澳青年发展多搭台、多搭梯,帮助青年解决在学业、就业、创业等方面遇到的实际困难和问题,创造有利于青年成就人生梦想的社会环境"[①]。

五 政策之窗开启:重大国家战略机遇期

金登提出的三个独立的源流,这些源流是相互分离且互不相交的。但是,这些相互分离的源流在抓住关键时刻之后,就会汇集在一起,促进特定公共决策形成。金登关注到这个汇集过程,将之称为"政策之窗"。政策之窗是政策倡议者提出其最得意的解决办法的机会,或者是他们促使其特殊问题受到政府决策系统关注的机会。政策之窗要么因为紧迫问题的出现而敞开,要么由于政治源流中的事件而敞开。[②] 而三种源流的最终结合,得益于政策企业家的努力推动,要求政策企业家必须充分准备,准备好他们

---

① 《习近平会见香港澳门各界庆祝国家改革开放40周年访问团时的讲话》,《人民日报》2018年11月13日。
② [美]约翰·金登:《议程、备选方案与公共政策》,中国人民大学出版社2017年版,第183页。

最佳的政策建议，利用出现的一切时机使解决办法与问题相结合，使政策建议与政治契机相结合，并且使政治事件与政策问题相结合。金登就提到，相互分离的问题源流、政策源流以及政治源流在某些关键的时刻汇合在一起时，就是一扇政策之窗敞开之时，它是解决办法与问题结合在一起，两者又与有力的政治力量相结合，这也是政策企业家提出其最得意的政策建议或个人对问题之看法的机会。[①] 从港澳青年创业扶持政策的实施过程看，政策企业家既来自政府系统的官员，以及各级人大代表、政协委员，也包括专家学者、律师、社会人士等，他们积极投入精力、时间、以及金钱推动政策议程，达到促进港澳青年融入国家发展大局的目的。他们是促进问题源流、政策源流、政治源流与政策之窗相结合的积极行动者，这是港澳青年创业议题进入政府决策视野的核心环节。

"粤港澳大湾区"的概念是在2015年《推动共建丝绸之路经济带和21世纪海上丝绸之路的愿景与行动》中首次提出，并于2017年第十二届全国人大五次会议的政府工作报告中正式提出，它是由广州、深圳、佛山、东莞、惠州、珠海、中山、江门、肇庆9市和香港、澳门两个特区形成的城市群。在党的十九大报告中，正式提出粤港澳大湾区建设的重大国家战略，其目标就是实现支持港澳融入国家发展大局、全面推进内地同港澳的互利合作，推动港澳青年创业是重要的战略性举措之一，为深入推进港澳青年创业开启的政策之窗正式敞开。随之在2019年由中共中央、国务院颁发的《粤港澳大湾区发展规划纲要》中，就提出由各级政府采取众多具有实质性的政策举措来扶持港澳青年在内地创业发展，为港澳青年创新创业提供更多机遇和更好条件。

---

① [美]约翰·金登：《议程、备选方案与公共政策》，中国人民大学出版社2017年版，第137页。

在这个过程当中，政策企业家努力抓住"粤港澳大湾区建设"的政策之窗开启的机会，在关键时刻展现出他们的影响力与作用，通过大量的实地调研或亲身的创业经历，针对港澳青年创业创新提出众多具有针对性、建设性、可行性的政策建议，其内容涉及方方面面：从创业资助、管理服务、场租减免、咨询指导等方面健全完善港澳青年创业创新基地设施；加强港澳创业青年在居住、教育、医疗、社保、公共交通等方面的公共服务供给；打造优良的营商环境，吸引港澳青年前往粤港澳大湾区城市创新创业发展；港澳青年职业资格互认系统对接；举办考察交流活动、创新创业大赛以及推进港澳青年学生实习就业基地建设；在税收政策上实行"港人港税""澳人澳税"，呼吁推行创业培训与租金补贴等政策措施；对港澳青年创业实行商标注册、会计税务、风险管控、法律服务等全方位配套专业服务；实现跨境车辆进出、人员进出、海关通关便利措施，对符合条件、长期往返粤港澳三地的港澳青年创客进行交通补贴；等等。这些政策建议已陆续进入政府高层决策者的政策议程之内，政府相关负责部门并以先易后难、成熟一项推一项的方式进行，从而促使港澳青年创业扶持政策制定与顺利实施，为港澳青年创业创新提供稳定的政策环境与利好条件。

六　小结

通过以金登的多源流模型探讨港澳青年创业扶持政策的制定与实施过程，能够使我们更好把握理解粤港澳大湾区港澳青年创业的问题性质与时代内涵，也为我们更好探究港澳青年创业热潮兴起与发展过程，港澳青年创业扶持政策的政策议程的设置过程，以及明白是哪些关键力量在政策过程发挥重要的作用。

我们仍可借助多源流模型的理论解释，结合中国语境转化问题源流、政策源流、政治源流、政策之窗的构成要素，进一步做出深化港澳青年创业扶持政策的研究方向。

其一，在问题源流上，通过多途径、多渠道、大范围地深入调研港澳青年创业遇到的体制机制性难题，从而扩大港澳青创扶持政策问题的信息来源。创建各种有利于港澳创业青年利益表达的通道，注意倾听和传递港澳创业青年的心声，增强港澳青年创业问题的识别能力与判断能力，明确区分出港澳青年创业目前面临的紧迫性、必要性问题，以引起社会各界和媒体舆论的广泛关注，以及让政策企业家及时、全面地掌握港澳青创问题的相关信息。

其二，在政策源流上，不仅要重视政府部门及官员、人大代表、政协委员、学者、社会人士、企业家对港澳青年创业的意见建议，也要注重吸纳高校研究机构、民间智库、社会团体的深度调查研究，汲取有效的反馈意见与对策建议。同时，调动广大港澳青年创业者积极参与港澳青创扶持政策的制定过程，通过他们创业的亲身经历提出具有建设性、针对性的政策建议，使政策建议更"接地气"，以丰富港澳青创政策研究的政策源流。

其三，在政治源流上，注重引导港澳青年思维向正面发展，激发港澳青年来大湾区内地城市创业就业的激情与活力，提升对港澳青年的吸引力与拉力。积极借助主流媒体舆论营造有利的政策氛围，广泛宣传大湾区港澳青年创业政策利好，提高粤港澳大湾区适宜创新创业的知名度和认可度。坚持在"一国两制"下，发挥政府在港澳青年政策议程的指导作用的同时，有效加强市场配置的基础性作用，使港澳青年初创企业与产品研发与市场需求相匹配。

其四，在促进三源流汇聚的政策窗口开启之后，应该紧紧抓住党和国家实施粤港澳大湾区建设重大国家战略提供的历史机遇。尤其是，需要充分发挥包括政府官员、人大代表、政协委员以及专家学者、社会人士在内的政策企业家作用，尤其要促进他们在不同源流之间的协调与整合作用，有效实现问题源流、政策源流、政治源流的汇聚，通过全面推动港澳青年创业实现港澳青年融入国家发展大局、参与国家建设的发展目标。

当然，多源流模型只是为港澳青年创业扶持政策研究提供一种可供考察的分析框架，还可以尝试借鉴其他公共政策过程的理论视角进行有效解释。本章也仅仅是对港澳青年创业扶持政策研究的开头，仍需从实践中深入发现更多亟待解决的问题来加强充实。同时，继续沿用多源流模型进行港澳青年创业扶持政策研究，亦需结合粤港澳大湾区建设进程的实际情况，在实践中进一步加强其解释力。

第二章　粤港澳大湾区内地城市推进港澳青创的保障措施[*]

习近平总书记强调港澳青年是香港、澳门的希望和未来，也是建设国家的新鲜血液。港澳青年既是粤港澳大湾区建设的重要力量，也是引领大湾区经济社会创新发展的生力军。为促进港澳青年在粤港澳大湾区创业创新，中央政府、广东省政府、珠三角九市的政府相继出台一系列的扶持政策。以深圳前海深港青年创业梦工场、珠海横琴澳门青年创业谷、广州南沙创汇谷粤港澳青年文创社区为样本经验，理解粤港澳大湾区城市推进港澳青年创业的扶持政策及其相关保障机制。为进一步解决港澳青年创业遇到的体制机制性问题，提出如下优化路径：发挥"一国两制"制度优势、保证港澳青年创业机制保障的连续性与适切性、重视政府引导与市场的基础性作用相结合、建立扶持港澳青年创业协调机制与机构、加强港澳青年创业政策宣讲和传播机制建设、落实解决港澳青年创业待遇享有问题。

一　新时代背景下的港澳青创

2018年11月12日，习近平总书记会见香港澳门各界庆祝国

---

[*] 本章原文原载于《青年探索》2019年第5期，此次收录对相关内容进行了修改和扩充。

家改革开放40周年访问团，面对会上的港澳青年创业者时，强调广大港澳青年不仅是香港、澳门的希望和未来，也是建设国家的新鲜血液。要为港澳青年发展多搭台、多搭梯，帮助青年解决在学业、就业、创业等方面遇到的实际困难和问题，创造有利于青年成就人生梦想的社会环境。① 粤港澳大湾区建设是党的十九大报告正式提出的国家级战略，目标是实现支持港澳融入国家发展大局、全面推进内地同港澳的互利合作。进入新时代，随着粤港澳三地合作实践的不断发展，粤港澳大湾区在未来将发展成为港澳青年来内地创业的首选地，将是港澳青年创新创业的热土与舞台。因此，港澳青年将是粤港澳大湾区建设的重要力量来源，也将是引领大湾区经济社会创新发展的生力军。2019年2月18日，中共中央、国务院颁发的《粤港澳大湾区发展规划纲要》更是强调要为港澳青年创新创业提供更多机遇和更好条件。

在实践中，从中央政府到地方政府，都相继出台了一系列创业政策，为有志于在内地尤其在大湾区创业的港澳青年提供政策支持和机制保障。港澳青年作为港澳的希望和国家建设的新鲜血液，其创业实践活动将为实现个人的人生价值和推进粤港澳大湾区建设具有重要的意义。为此，本章将聚焦于分析政府促进港澳青年创业的政策供给与机制保障，并就其存在的体制机制性问题提出优化路径。

二 青年创业研究的文献回顾

青年是富有创业激情与活力的群体，是党和国家推动大众创业、万众创新的最重要主体。政府能否在促进青年创业方面做出

---

① 《习近平会见香港澳门各界庆祝国家改革开放40周年访问团时的讲话》，《人民日报》2018年11月13日第1版。

有效政策供给和机制保障，将直接影响到青年创业的实践成效。梳理近年学界青年创业领域的研究，主要是围绕以下几方面重点展开。

一是青年创业的政策供给视角研究。制度供给是研究青年创业实践的一个重要视角，制度供给是"拥有制度供给意愿和能力的主体根据制度需求而提供相应的法律、法规和政策等一系列制度的过程"。制度是一种公共物品，而且对全体社会成员具有普遍约束力和强制性，它的供给主体一般是政府。[1] 有研究者意识到政策供给是影响青年创业者成功的重要因素，而政府制定并实施有效的创新创业扶持政策、营造创新创业型发展氛围是新经济背景下制度供给端亟须解决的问题。[2] 一般来说，政府供给类政策主要指向政策推动青年创客创业核心技术研发、创新、成果转化等层面的技术要素供给，直接提供有助于青年创客创业发展的系列技术支持，改善创业开展的技术状况，主要包含创业教育、导师辅导、创业基础平台、创业资金投入、公共服务等。[3]

二是支持青年创业的政策类型划分。创业政策要考虑国家和地区的经济结构、政府角色、创业发展动态以及自身经济、政治和社会状况等因素，并根据制定创业政策过程中遵循的政策结构和过程、目标策略和计划、促进创业阶段及鼓励人们成为创业者等要素进行组合。[4] 我国制定的创业政策主要包括融资服务、场地扶持、税费减免、创业专家指导、创业能力提升、鼓励科技创业、非正规就业孵化器七个方面，而李良成等发现金融支持、创业教

---

[1] 姜辉、许如宝：《制度均衡及其有效性分析——基于制度供需理论的视角》，《经济论坛》2018年第10期。
[2] 肖喜明：《促进我国青年创业的制度需求与制度供给分析》，《中国青年研究》2018年第9期。
[3] 刘忠艳：《中国青年创客创业政策评价与趋势研判》，《科技进步与对策》2016年第12期。
[4] 高建、盖罗它：《国外创业政策的理论研究综述》，《国外社会科学》2007年第1期。

育、创业服务、配套措施、创业文化与大学生创业存在显著正相关性。[1] 薛志谦从青年创业教育、创业金融、创业培训、创业服务等政策维度分析我国政府青年创业扶持政策的发展现状，为更好发挥创业政策对青年创业实践的引领、调控和保障的功能，提出从多方协同机制、政策执行力、政策针对性、政策效益优化、政策受益面等方面优化我国青年创业政策。[2]

三是探讨青年创业存在的体制机制性问题。青年创业遇到的体制机制性难题涉及方方面面，是他们创业道路亟须克服的困难与障碍。从我国创业政策整体看，在执行过程中存在政策宣传渠道不畅通、政策解读不到位、政策执行主体职责交叉、政策落地的门槛过多过高等问题。[3] 邓希泉等认为当代青年创新创业的整体发展仍处于国际中游水平，高技术创新创业和机会型创业不足，融资缺口大，规避风险机制有待加强等。[4] 陈婕则直接论及青年创业政策制定中存在的问题仍表现为重鼓励、轻支持，重行政、轻市场，政策支持力度不够，政策制定不够细化等。[5] 林至颖认为粤港澳大湾区建设能够帮助香港青年在港创业面临租金及人力成本较高、市场较小且保守、创新金融发展相对滞后等几大难题，不过也强调香港年轻人赴粤港澳大湾区创业面临着不熟悉内地制度及法规、不熟悉内地商标注册制度以及对内地市场及文化缺乏了解等问题。[6]

---

[1] 李良成、张芳艳：《创业政策对大学生创业动力的影响实证研究》，《技术经济与管理研究》2012年第12期。
[2] 薛志谦：《我国青年创业扶持政策的现状、价值及优化》，《中国青年研究》2017年第2期。
[3] 宁德鹏等：《我国创业政策执行中的问题与对策研究》，《中国行政管理》2017年第4期。
[4] 邓希泉、徐洪芳：《青年创新创业现状与共青团服务能力研究》，《北京青年研究》2017年第3期。
[5] 陈婕：《青年创业需要哪些政策红利》，《人民论坛》2018年第5期。
[6] 林至颖：《香港青年赴粤港澳大湾区创业的机遇、挑战及应对》，《港澳研究》2018年第1期。

四是影响青年创业的因素分析。一项针对 567 名青年创业者的跟踪调查发现，不同个体特征、项目特征、政策支持以及创业绩效对青年创业者的项目存活率存在一定差异。[1]王爽爽等发现青年创业者的个体特征如受教育程度、创业动机、领导风格、创业经验对青年社会创业实践影响较为深刻。[2]梁玉成等则重点研究创业动机在青年创业过程中的影响，认为包括主动型和被动型的创业动机会影响青年创业者是否退出创业领域。[3]杨熙较为强调心理因素对青年创业者的影响，提出积极创业情绪体验、高度自信、积极人格到积极创业环境对青年积极创业者具有教育指导意义。[4]

五是推动青年创业政策的优化路径。对青年创业问题及影响因素的分析，是为了更好提出推动青年创业的优化路径。蔡宜旦等研究助推青年农民工返乡创业，需要扩展融资优惠政策、降低创业准入门槛、构建创业保障制度。[5]桑伟林等指出当前青年就业创业政策还存在政策主体协同性不足、内容碎片化严重、实施效果达不到预期目标、执行保障机制有待加强的问题，提出从建立政策主体的协同工作机制、构建政策执行的保障服务、建立青年就业创业政策实施的科学评估机制来完善和优化青年就业创业政策需要。[6]梁尚鹏基于新时代背景下青年创业的发展现状，提出政府应着力构建涵盖青年创业环境营造、青年创业者塑造、青年创

---

[1] 鲍春雷：《中国青年创业现状报告——青年创业跟踪调查与分析》，《中国劳动》2017 年第 5 期。

[2] 王爽爽等：《中国青年社会创业实践的特征研究》，《青年探索》2017 年第 6 期。

[3] 梁玉成、陈金燕：《青年主动创业与被动创业的社会过程及其后果研究》，《青年探索》2018 年第 5 期。

[4] 杨熙：《青年创业者的积极创业心理构建及教育指导》，《中国青年研究》2018 年第 9 期。

[5] 蔡宜旦、汪慧：《助推"返乡创业潮"的政策思考——浙江省青年农民工返乡创业意向调查研究》，《青年探索》2010 年第 4 期。

[6] 桑伟林、蔡智：《改革开放 40 年来青年就业创业政策演进及其优化研究》，《中国青年研究》2018 年第 10 期。

业资源配置3个层面,包括法律建设、政策落地、文化支持、创业教育、大赛竞争、导师指引、资金保障、园区共享、渠道搭建9个方面的青年创业推进路径。①

综合来看,上述研究意识到政府作为青年创业创新政策供给者的重要性,重视政府制定扶持青年创业政策的深远影响。同时,不少研究也对青年创业的现状、问题及其影响因素进行了深入研究,其有关政策建议及其优化路径具有相当的建设性、针对性和可行性,为推进青年创业创新政策研究奠定了理论基础与经验支持。但是,从整体研究来看,港澳青年创业者群体还没有引起学界的足够重视,而且对港澳青年创业政策问题性质与时代内涵的认识与理解也不够深刻。在现有研究基础之上,本章将对港澳青年创业问题进行专门的研究,把握分析港澳青年创业政策的制定实施过程,发现港澳青年创业政策遇到的体制机制问题并提出改进建议。

三 粤港澳大湾区扶持港澳青年创业的政策供给

我国政府作为促进青年创业的政策供给者,重视为青年创业制定积极有效的创业政策,采取多举措鼓励和支持青年创新创业,这对推动不同领域的青年创业具有重要指导作用。在新时代粤港澳大湾区建设的大背景下,从中央政府、省级政府到市一级政府出台了一系列行之有效的创业政策来支持、吸引和鼓励港澳青年到内地创业发展。

在中央层面,2015年颁发《国务院关于大力推进大众创业万

---

① 梁尚鹏:《新时代背景下青年创业的时代使命及推进路径》,《中国青年研究》2018年第2期。

众创新若干政策措施的意见》，提出为加快推进青年创业的发展，采取创新体制机制、优化财税政策、搞活金融市场等措施来强化青年创业扶持。[①] 国务院在2016年颁布的《关于深化泛珠三角区域合作的指导意见》中，强调要积极推进港澳青年创业基地建设，支持内地九省区发挥各自优势与港澳共建各类合作园区，支持广东与澳门共建江门大广海湾经济区、中山粤澳全面合作示范区。同时，鼓励和支持社会资本设立泛珠三角区域创业投资基金，激发区域创新创业活力，大力发展众创空间，支持广州国际创新城等一批大型创新创业平台建设，着力推进泛珠三角区域大众创业、万众创新。[②] 2017年中共中央、国务院印发《中长期青年发展规划（2016—2025年）》，提出要进一步扩大内地与港澳青少年之间的交流规模，继续办好港澳青少年实习实践、体验营、训练营和形式多样的交流考察活动，支持内地与港澳青年组织举办青年论坛，组织青少年开展常态化的结对交流和项目合作，促进相互了解。同时，更强调要积极创造条件，搭建港澳台青年来内地创新创业平台，支持港澳台青年在国家发展及海峡两岸暨港澳经贸融合中寻找发展机会，为港澳台青年就业创业提供便利服务。

为深入推进港澳青年创业，2017年由国家发展和改革委员会、广东省政府、香港和澳门特区政府共同制定《深化粤港澳合作推进大湾区建设框架协议》，将推进港澳青年创业就业基地建设作为支持粤港澳重大合作平台建设的主要内容，支持港深创新及科技园、江门大广海湾经济区、中山粤澳全面合作示范区等合作平台建设，发挥合作平台示范作用，拓展港澳中小微企业发展空间。2019年中共中央、国务院颁发的《粤港澳大湾区发展规划纲要》，提出了支持港澳青年在内地创业发展的多项政策举措，如将符合

[①] 国务院：《关于大力推进大众创业万众创新若干政策措施的意见》（国发〔2015〕32号），2015年。
[②] 国务院：《关于深化泛珠三角区域合作的指导意见》（国发〔2016〕18号），2016年。

条件的港澳创业者纳入当地创业补贴扶持范围，推进港澳青年创业就业基地建设，以及实施推动港澳青年创业的实习计划、就业项目及青年发展基金等。

在省级层面，广东省在实施粤港合作框架协议2017年重点工作中，提出要积极促进粤港之间教育、人才和青年的合作，香港特区政府特此推出首批获得"青年发展基金"资助项目，为有志创业的香港青年提供资金支持，以促进更多香港青年善用南沙、前海、横琴等地创业平台。同时，通过"青年内地实习资助计划"，安排香港青年到广东企业及机构实习。[1] 广东省在实施粤澳合作框架协议2018年重点工作中，提出要与澳门共同加强横琴澳门青年创业谷、南沙创汇谷——粤港澳青年文创社区、粤港澳（惠州）青年创业园等创新创业方面的合作，鼓励粤澳两地青年共同创新创业。粤澳两地继续开展"青年同心圆计划"和粤澳姐妹学校交流，支持粤澳青少年开展多种形式的国情体验、创新创业和来粤实习等交流合作。在重点合作区域建设中，广东省将推动中山市与澳门特区合作建设澳门中山青年创新创业园，支持澳门青年到中山创新创业，促成"粤澳青年创新创业合作基地"落户翠亨新区。[2] 2018年广东省委、省政府出台《广东中长期青年发展规划（2018—2025年）》，围绕粤港澳大湾区青年交流融合展开工作，提出做实粤港澳青年行动联盟，依托南沙、前海、横琴自贸区等建设青年家园和创业基地等港澳青年综合服务阵地，开设港澳青年服务热线，推动教育、医疗、就业等社会公共服务有效衔接等具体举措，为港澳青年来粤学习、工作、生活提供更多便利。

---

[1] 广东省人民政府：《实施〈粤港合作框架协议〉2017年重点工作》（粤府函〔2017〕38号），2017年。

[2] 广东省人民政府：《实施〈粤澳合作框架协议〉2018年重点工作》（粤府函〔2018〕191号），2018年。

第二章　粤港澳大湾区内地城市推进港澳青创的保障措施

在市级层面，珠海市自 2012 年以来就制定落实了《珠海市港澳青年创业基地管理规定》《珠海市人民政府鼓励港澳青年来珠海创业的指导意见》和港澳人才发展支持计划，对港澳青年创业就业提供全方位、立体式、叠加式的政策支持，如在珠海的港澳居民"公平普惠"地享受各项就业创业扶持政策与基本公共服务，在珠面临的就业创业政策障碍将全面消除，全面享受与珠海市民"同等待遇"。

深圳市出台了《关于支持香港青年在前海发展的若干措施》，从港澳青年实习、就业、创业、住房、交通、教育、社保等全方位对港澳青年来前海发展提供坚实的支持保障，从纵向上看贯穿"实习、就业、创业初期、企业发展期"等全过程，从横向上看则覆盖港澳青年个体、孵化载体、综合平台及生活保障等多方面，为在前海创业的港澳青年创客争取享受港澳特区政府实施的优惠政策，并向国家相关部门争取政策支持，积极探索为前海发展的港澳青年解决与内地居民同等待遇相关问题。[①]

广州亦实施《关于鼓励港澳青年来穗创新创业工作方案》，实施十二项措施鼓励港澳青年来穗就业。港澳台人员在穗就业不需办理就业许可；落实在穗工作港澳居民参加社会保险政策；对香港、澳门共 16 个工种予以职业资格认可，吸引港澳青年来穗创业就业。此外，广州还积极推行粤港澳大湾区青年职业发展 5A 行动，加强对粤港澳青年在大湾区学习、实习、交流、就业、创业等五个方面的支持（简称 5A 行动），推出"乐游广州""乐学广州""乐业广州""乐创广州""乐居广州"五大计划，搭建高效便利的服务平台，从交流旅游、学习研修、实习就业、创新创业、生活居住等多个方面，为港澳青年来穗创新创业提供一流的环境

---

① 张玮：《前海拟出台措施支持香港青年创业就业》，《南方日报》2017 年 12 月 26 日第 SC03 版。

和保障。尤其是在"乐创广州"计划之上,支持港澳青年来穗创新创业的力度更大,广州谋划在 3 年之内建设 10 个港澳青年创新创业市级示范基地,每年给予 100 万元运营资助。为入驻基地的港澳青年初创企业提供免费注册地址、办公场地费用"半年全免、一年减半"优惠以及配套服务。同时,每年择优扶持一批港澳青年创新人才,对其项目提供 10 万至 50 万元资助及配套支持。设立总规模 10 亿元覆盖创业各阶段的港澳青年创业基金。对港澳青年创业项目,提供与户籍人口同等的创业担保贷款及贴息支持。[①]

综上所述,从中央政府到地方政府鼓励港澳青年创业政策的相继出台,表明了我国政府近年来对港澳青年创业的政策供给力度正在不断加大,从港澳青年初创企业的各方面需求尽可能地给予有力支持,这将有利于鼓励和吸引越来越多的港澳青年创业群体投身于粤港澳大湾区建设进程中,抓住粤港澳大湾区建设提供的历史机遇。

四 粤港澳大湾区推进港澳青创的三大样本经验

本章将选取深圳前海深港青年创业梦工场、珠海横琴澳门青年创业谷、广州南沙创汇谷粤港澳青年文创社区为样本经验,分析它们各自帮助港澳青年创业发展的实践经验,以助我们更好地理解粤港澳大湾区城市推进港澳青创的发展现状及其政策扶持措施。

(一) 深圳前海深港青年梦工场的实践经验

前海深港青年梦工场(简称"梦工场")是由前海管理局联

---

① 罗仕:《广州出台支持港澳青年来穗发展行动计划》,2019 年 5 月 31 日,金羊网,http://wap.ycwb.com/2019-05/31/content_30269780.htm。

合深圳青联和香港青协共同发起建设的前海港澳青年创新创业基地。它的愿景与使命就是要建设环境优美、配套完善、服务一流、创意无限的国际化青年创新创业社区，打造港澳台及国际青年在中国内地创业发展的"第一站"，为广大青年在前海施展才能搭建舞台、拓展空间、创造条件、提供机遇。梦工场先后被授为全国唯一"青年创新创业跨境合作示范区"、深圳市首批10家创新创业示范基地、广东首批港澳青年创新创业基地，并成为广东省政府和香港特区政府共同认定的首批"粤港青年创新创业基地"。

梦工场对于进场的港澳创业青年，对其相关条件有严格要求，例如具备良好的职业道德和职业素质、从事项目具有技术含量及创新性、拥有规模的注册资本、产权明确等。[①] 相关数据显示，至2019年6月底梦工场已累计孵化创业团队388家，其中近半数为港澳台及国际团队；超半数项目成功获得融资，累计融资金额超15亿元，在香港高校和青年创业者群体中享有较高知名度。[②] 因此，前海深港青年梦工场不仅是政府扶持港澳青年创业的重要示范基地，也是研究政府制定和实施港澳青年创业政策的典型案例。梦工场为促进和支持港澳青年在大湾区创新创业发展，在财税优惠、运营资金、基础设施、生活保障、管理服务、创业指导、法律支持等方面建立了一套较为健全完善的保障机制，全方位、多维度地为港澳青年创业提供助力与推力。

第一，有效的财政扶持政策与优惠。实惠化的财政资助与税收优惠能为港澳青年创业提供充足的资金支持。深圳前海为梦工场的港澳青年创业提供多途径、多形式的财政资助与政策优惠：[③]

[①] 参见《前海青年创新创业梦工场入园企业管理办法（暂行）》，2019年12月12日，http://qh.sz.gov.cn/ehub/cyzc/201412/t20141222_10473748.htm。

[②] 张光岩、郭悦等：《形成更多可复制可推广的经验》，《南方日报》2019年10月22日。

[③] 参见《前海深港青年梦工场政策汇编》，2019年12月12日，http://qh.sz.gov.cn/ehub/cyzc/201412/t20141222_10473749.htm。

一是专项资金扶持。扶持对象为由香港特区投资者以独资、合资形式在前海深港合作区设立的、具有独立法人资格的外商投资企业。专项资金的扶持方式包括贷款贴息和财政资助两种方式。二是税收优惠。面向外国国籍人士，或港澳台地区居民，或取得国外长期居留权的海外华侨或归国留学人才。获得前海境外高端人才和紧缺人才认定的港澳青年可享受15%个人所得税优惠。三是场地租金优惠。入驻梦工场的港澳青年初创公司在场地租金上会得到政策实惠，即符合条件的创业团队入驻将获得半年的免租期，若在半年内取得第一笔融资，免租期再延长半年，令港澳团队省去创业初期的租金烦恼，全心全力投入创业计划中并实现自己的梦想。

第二，多样化的运营资金来源。多样化的资金来源能够为港澳青年初创企业提供强大的原动力。保证企业的"资金链"是梦工场打造全链条创新创业生态圈的重要一环，其由内地金融机构贷款、资本企业投资、基金平台融资、政府资助等组成。梦工场与众多融投资机构保持密切的合作关系，可以为入驻梦工场的港澳青年创业团队提供融资对接的机会，从而能够为初创企业和产品研发造血供液，注入新活力，形成新动能。在资本企业上，例如梦工场孵化企业——深圳市工匠社科技有限公司相继获得腾讯投资以及光控众盈资本、合鲸资本及火山石资本的投资。在基金平台上，前海科创投控股有限公司与香港×科技创业平台共同发起的粤港澳大湾区首家深港合作人民币基金管理平台，能够为在前海创业的深港青年提供便利的融资支持。该基金管理平台拟发起设立面向深港两地科创团队的天使投资基金，主要投资投向智能系统与芯片、先进材料、大健康、人工智能与科技金融等新兴产业的天使项目，助力香港青年初创创业解决天使期科创项目融资难问题。在政府资助上，根据《支持港澳青年在前海发展的若干措施》的规定，针对多项深圳市和香港创业资助项目提供1∶1

配套资助，对入驻前海管理局主办的前海创业园区6个月以上的港澳青年，一次性给予5万元资助。对入驻前海管理局主办的创业园区，按第一年80%、第二年50%、第三年20%的比例资助企业租金和物管费用总额。对符合条件的港澳青年创办企业提供高达1000万元的配套资助，若是港澳青年创办企业实现首次公开上市更可获高达200万元的奖励。

第三，便利化的基础设施建设。便利化的基础设施建设是促进港澳青年创业的硬件保障。前海梦工场致力于为深港创业青年提供国际化硬件设施和一流配套服务，为港澳青年创业者搭建一个跨越深港的创新创业平台。梦工场专门建造黑白两色8栋建筑，由展览及创业服务中心、创业学院、创业园ABC三座、多功能创新中心、人才公寓和智慧前海等多个部分组成，为港澳青年创业构造一个独特的创业营商生态圈。在各建筑群中央，设有青年广场供各创业者聚会议论及表演，大大便利了港澳青年创业者之间相互沟通与学习交流。此外，前海深港青年梦工场正在推进的二期扩建工程建筑设计和空间规划，将为粤港澳青年创业提供共享办公空间、孵化器、加速器、公共实验室、产品检测中心及配套服务区等设施。

第四，人性化的生活配套服务。人性化的生活配套服务能够为港澳青年创业者提供一体化后勤保障。为解决港澳及境外青年创业团队的衣食住行，梦工场着力从多方面入手，替创业者设计了众多的人性化措施。在饮食问题上，为香港创业者打造港人港味港服务的生态，在创业园区为创业者创办港式餐厅，提供突出港澳特色的饮食服务。尤其在住房条件上，港澳青年创客除了有机会申请前海的人才保障房或公共租赁房外，也可选择申请入住梦工场为青年创业团队提供的配套人才驿站——"YOU＋青年创业小区"，租赁价格低于市场价，专注为港青提供7×24小时的生活创业空间。创业小区的配套公寓不仅可以解决港澳青年租房难问题，更是提供多样化的创业活动，帮助创业青年打开社交圈及开拓人际网络，与其他的青年创业者共享更多的生活资源。

第五，专业的管理和服务机构。专业化的管理和服务机构是推动港澳青年创业规范有序进行的组织保障。梦工场设有专门管理和服务机构——梦工场事业部，隶属于前海深港现代服务业合作区管理局。事业部主要任务是打造创新创业生态圈，以粤港澳青年创业企业为服务对象，为入园企业提供专业孵化、办公场地及共享设施，并提供政策、管理、法律、财务、融资、市场推广和培训等方面服务，以降低企业创业风险和创业成本，提高企业成活率和创业成功率，为深港两地培养成功企业和青年企业家。事业部也根据国家有关法律法规及政策，对入园企业进行指导管理，协助工商、税务、审计、安全等部门对其经营活动进行监督管理。

第六，贴身化的合作平台服务。贴身化的合作平台服务能够为引导港澳青年创业创新提供行之有效的方法、途径或措施，将助力港澳青年创客克服创业道路上的困难与挫折。梦工场按照"公益项目市场化"运营理念，开展以"梦工场为主导，合作机构为主体"的协同创业服务模式。合作平台主要具备提供科研支撑服务、公共技术服务、投融资服务、营销推广服务、导师式辅导等综合功能。进驻梦工场的合作平台实力较为强劲，主要来自从事青年创新创业服务的香港机构或专业团体，或是有志于服务香港青年创新创业、具备整合创新创业资源能力且能引进香港青年创新创业团队、有能力为港澳青年创新创业提供配套服务支持的国内外知名机构或专业团体。目前梦工场进驻有香港青年协会香港青年创业计划加速器、美国硅谷高创会、中国科学院深圳现代产业技术创新和育成中心、险峰华兴、深圳 IDH 创展谷、前海厚德创业孵化器等合作平台。①

第七，一站式法律服务平台。一站式的专业法律服务能帮助港澳青年创业者解决创业初期遇到的法律政策问题，也是他们维护自身合法权益的重要途径。梦工场设立全国首个针对创客群体提供全生命周期、一站式法律服务的平台——"深圳创客法律中心"。深圳创客法律中心通过政府购买服务的方式，免费向创客企业提供专业的、公益的法律服务。该中心建构一种"互联网+N"模式，其作用就是提供线上互联网服务平台和线下服务中心的无缝链接，使创客企业可随时与律师沟通合作，并获得面对面沟通、个性化支持与定向服务。该中心也是服务港澳创客创业创新的综合平台，帮助创客企业对接会计师事务所、知识产权保护机构、政府资助申报机构三方服务，有力降低创客企业的运营风险、管理知识产权风险，取得发展资金支持，建立健全公司治理以及实施股权激励机制，助力港澳青年企业和项目创造经济价值和社会价值。

正是因为前海深港青年梦工场为港澳青年创业发展提供了实惠的财政税收政策、多样的运营资金来源、便利的基础设施建设、人性化的生活配套、专业的管理机构服务、贴身的合作平台服务、公益的专业法律服务，其形成了相对丰富的实践经验。由于前海深港青年梦工场吸引越来越多的港澳创业团队进驻，也逐渐发展成为前海青年创业创新的标志性展示窗口、推进深港合作的重要阵地、服务深港及世界青年创新创业的国际化服务平台，是粤港澳大湾区城市中推进港澳青创的重要载体之一。

（二）珠海横琴澳门青年创业谷的实践经验

横琴澳门青年创业谷位于珠海横琴新区，由横琴新区管委会

---

① 参见《创业指引》，2019年12月12日，http://qh.sz.gov.cn/ehub/fwzy/cyzy/201601/t20160105_10473776.htm。

发起，政府、企业、高校、社团联合打造的青年服务平台，是为澳门和内地青年交流合作、干事创业、实现梦想而重点打造的孵化平台，旨在鼓励澳门青年人创新创业，追求梦想，以此加强港澳与内地青年人的交流，促进粤港澳深度融合，成为粤港澳深度融合发展的新载体和促进澳门经济多元发展、澳门青年成长成才的有力抓手，在推动珠澳合作、促进产业集聚、支持澳门融入国家发展大局等方面发挥了重要作用。横琴澳门青年创业谷主要面向年龄在18—45周岁之间，而且在澳门学习、工作、生活的青年，采取政府推动、市场运作的方式，以培育上市公司、造就创业新星、打磨创意企业、掀起创业热潮为行动目标，最终打造珠三角最具"互联网＋"思维的创业新高地。[①] 相关数据显示，在2020年2月底横琴·澳门青年创业谷累计孵化392个项目，其中港澳创业项目218个（澳门项目205个，香港项目13个）。[②] 自2015年启用以来，横琴澳门青年创业谷实现珠海市级、广东省级、国家科技企业孵化器三级跳，陆续被授予"粤澳青年创新创业基地""中国青年留学人员创业基地""粤港澳青年创新创业基地"等20余项资质。从现阶段看，横琴澳门青年创业谷着力向港澳青年提供多方位服务，其服务职能涵盖多领域。

一是提供初创企业的落户服务。创业谷提供工商注册、税务登记、银行开户等"一站式"服务，以及与会计事务所、律师事务所、税务事务所、管理咨询公司等中介机构的对接服务。入驻创业谷的青年能够减免至少一年的办公场地租金，并配套完备的通信网络，提供公共服务中心、会议中心、商务中心等服务设施。此外，创业谷将设立人才交流培训中心，帮助港澳初创企业进行

---

① 参见2020年5月22日，横琴澳门青年创业谷官方主页，http：//www.innovalleyhq.com/cyg/index。

② 《横琴·澳门青年创业谷获评"粤港澳科技企业孵化器"》，2020年5月23日，中国报道网，http：//cxzg.chinareports.org.cn/qccy/20200306/18633.html。

人才招聘，为港澳创业项目汇集内地优秀人才。

二是提供专业培训与咨询服务。创业谷引入内地领先的创业孵化机构，为港澳青年提供专业的创业培训辅导以及最先进的创业资讯服务，辅助港澳创业项目发展壮大，推动港澳创业项目以横琴为平台打入内地市场。同时，也提供专业的创业咨询服务。创业谷围绕行业（人工智能、物联网、智慧城市、电子商务等）和专业（人力资源、知识产权、投融资、法律财税等）两个领域，选拔一批优质的创业导师为创业者提供免费咨询和交流服务。

三是提供初创融资募投服务。创业谷将配套总规模20亿元人民币的专项资金，用于横琴日常运营、发起设立横琴港澳青年创业投资引导基金等用途。创业谷加强与国内外优秀投资机构合作，定期邀请投资机构来创业谷遴选优秀创业项目，为港澳青年创业项目提供风险投资。创业谷将引入新三板服务合作平台，使创业青年足不出谷，即能实现把创意创新连接到资本市场的创业梦想。

四是配备实施创业优惠政策。在创业谷实施横琴新区制定的配套政策，人才及配套政策如《横琴新区引进人才租房和生活补贴暂行办法》《珠海经济特区横琴新区特殊人才奖励办法补充管理规定》；产业政策如《横琴新区科技型企业办公场地租金补贴暂行办法》《横琴新区企业研究开发费补助资金管理暂行办法》；鼓励澳门青年创业的政策有《关于进一步支持澳门青年在横琴创新创业的暂行办法》。

横琴澳门青年创业谷最具特色之处是以"四汇"服务平台展现的功能定位。横琴澳门青年创业谷由横琴金投创业谷孵化器管理有限公司负责运营和管理，而该公司是横琴金融投资集团有限公司（简称"横琴金投"）下设的子公司。为推进横琴·澳门青年创业谷的有效运行，横琴金投打造出"金谷汇""智谷汇""科谷汇""琴澳汇"四大服务平台，以整合政府、高校、企业、协会等资源，深化对澳合作和加速产业培育。具体而言，"金谷汇"

"琴澳汇""科谷汇""智谷汇"的功能作用体现在：

第一，"金谷汇"相当于一个工具或平台，能够促进金融机构或投资机构与企业项目相互了解，从而解决创业者与资金方之间信息不对称的问题，帮助初创企业成功融到资金。作为具有区域影响力的综合金融投融资平台，横琴金投不断探索国有资本市场化运营新模式，打造助力横琴产业发展的核心载体。在金融投资方面，主要通过引导基金、天使投资、融资租赁这"三大抓手"来进行产业扶持和培育。[①] 例如，政府引导基金现阶段主要招募创新创业和新兴产业发展两大类子基金，分别针对初创期、早中期创新型企业以及符合区重点发展领域的产业。同时，横琴新区出资1亿元设立首期天使投资基金，对符合申请条件的早期创业项目进行投资扶持，如珠海市一微半导体有限公司便是其中一家被投企业。在融资租赁上，成立了横琴金投国际融资租赁有限公司，其广泛开展直接租赁、售后回租、保理等业务，遍布近20个省市地区，累计为百余家企业提供近百亿元的资金支持。

第二，"琴澳汇"是解决产业交流对接的问题。"琴澳汇"在立足琴澳资源禀赋和产业特点之上，以"琴澳产业交流对接会"为品牌活动，以"琴澳产业协同创新联盟"为主要依托，共同搭建的资源整合、紧密合作、协同创新的产业交流平台，旨在破除琴澳沟通、交流、合作障碍，探索建立琴澳产业协同发展的新模式，找准两地产业发展结合点，携手提高琴澳产业协同发展水平，谋划更多促进澳门产业多元发展的新路子，促进琴澳共创、共生、共荣。

第三，"科谷汇"关注的方向是如何把中小企业快速培育成高新技术企业。"科谷汇"旨在筛选一批创新能力强、成长性快、发

---

① 刘梓欣、梁涵、关铭荣：《横琴金投架起琴澳产业协同发展融通桥》，《南方日报》2019年9月26日第BT03版。

展前景好的科技型中小企业,集成资金、人才、技术、政策等创新要素,通过持续举办创业大讲堂、科技政策培训、横琴 CEO 下午茶等活动,培育一批科技小巨人,带动形成一批高技术产业。"科谷汇"的使命是成为横琴新区的"科技企业俱乐部、企业成长助推器"。截至 2019 年 12 月 31 日,"科谷汇"累计举办 49 场活动,参加人数近 1800 人次。

第四,"智谷汇"是横琴新区高层次人才服务中心为横琴入驻企业提供人才引进、落户、交流、培训等的全方位一体化服务平台,通过搭建起高层次人才交流合作对接平台来实现高端资源的聚集融合。横琴新区高层次人才服务中心旨在凝聚、行业领军人才等高层次人才,团结并服务于海内外留学人才,并致力于为横琴新区建设提供有力的人才支持和智力保障。同时,通过横琴新区高层次人才服务中心开展高水平招商,承接高端资源、搭建交流平台、实现资源共享、促进协同创新,达到培育和扶持高新技术产业发展的目标。

(三)广州南沙创汇谷的实践经验

广州南沙位于粤港澳大湾区几何中心,是自贸试验区、国家级新区和粤港澳全面合作示范区。在南沙建立的"创汇谷"粤港澳青年文创社区,以"青年特色、港澳元素、前端定位、综合服务"为目标导向,以服务港澳青年特别是在穗高校就读的近万名港澳青年学生为主体,以人文交流、实习就业、创新创业、经贸往来(青年专才合作)、居家置业为路径,逐渐发展成为粤港澳青年追梦的沃土。在"创汇谷"社区内,设有青年创业孵化基地、青年创业学院、青年创意工坊、青创公寓四个功能区,以文化传媒、互联网科技、创新型科技产品、跨境电商等为切入点,重点面向粤港澳本土文创项目。到 2020 年 4 月,"创汇谷"总签约入驻项目团队(企业)153 个,其中港澳青创团队 103 个(香港团队 82 个，澳门团队 21 个），在校大学生团体及初创团队占比接近 100%。从"创汇谷"运行过程来看，其功能特色表现在如下几方面：

一是空间充足。"创汇谷"在南沙中心区位，距离广州地铁 4 号线金洲站 5 分钟，距离南沙客运港、广深港高铁庆盛站皆为 15 分钟车程，交通十分便利。园区使用面积达 2 万平方米，可容纳 200 个创业团队入驻。"创汇谷"致力于为港澳青年提供一个低成本、便利化、全要素、开放式的试创平台，园区整体面向港澳青年免费开放，"创汇谷"开辟有"香港青创空间""澳门青创空间""葡语系平台""粤港澳青年三新讲学所"等特色功能区，提供商事登记、人力资源、知识产权、法律顾问、融资对接、财税代理等服务。

二是服务到位。在内容上，"创汇谷"将打造商事登记、人力资源、知识产权、法律顾问、融资对接、财税代理、物业服务、导师顾问、政策咨询、商务秘书"十项全能"服务体系，为港澳青年提供一个低成本、便利化、全要素、开放式的试错平台。"创汇谷"粤港澳青年社区在 2018 年就成立了"南沙政务服务中心港澳青创分中心"，可为港澳创业青年提供商事登记"绿色通道"和一站式服务，实现商事登记随来随办、即来即办，企业注册"只来一次，只待一天"。此外，"创汇谷"与澳门经济局合作推出"专业顾问服务互换计划"，向进驻创业团队提供法律、会计及税务等方面的专业顾问服务，让澳门初创人士在大湾区创业发展和开拓业务时，得到专业和可靠的创业支持服务。

三是政策优惠。入驻创汇谷的港澳创业青年能够享受《广州南沙新区（自贸片区）鼓励支持港澳青年创新创业实施办法（试行）》所规定的优惠措施，涵盖落户补贴、贷款贴息补贴、场地租金补贴、重大活动补贴、参展补贴、创业成长补贴、1∶1 参赛配套和政府资助配套奖励等领域，有利于降低港澳青年在南沙生活和发展的成本，将全方位支持港澳青年在南沙发展。

四是办税方便。南沙青年创汇谷设有专门的"港澳青创税务驿站"，精准对接港澳青年创新创业、交流融合需求，为港澳创业青年提供跨境便捷办税、智能自助办税、"直通车"绿色服务通道和专窗专线专业团队"一对一"辅导等全流程、定制式便捷税务服务，能够实现港澳青年的双创企业"足不出园、足不出区"即可 24 小时轻松办理纳税申报、发票验旧、税控设备报税、信用等级查询、办税指南、预约办税、政策咨询等各类涉税事项。

五是食宿保障。"创汇谷"粤港澳青年文创社区内设有一间"青创人才共享餐厅"，以白色和绿色为主调，方便港澳青年就餐。在住房上，入驻"创汇谷"的港澳青年可以选择"共有产权房"或"青创人才公寓"两种。南沙区共有产权住房面向区域内重点发展领域紧缺型人才、港澳青年供应，满足港澳青年人才的居住需求。同时，"创汇谷"粤港澳青年文创社区建有"青创人才公寓"，由南沙共青团牵头规划建设并已正式投入运营，地理位置优越，交通便捷，设有"双人公寓""团队公寓"及"专家公寓"等不同标准的公寓共 110 间，可同时容纳 180 人入住，公寓内基础生活设施齐全，24 小时全天候提供前台服务，周边配备健身房、共享餐厅、烘焙房、无人超市等共享空间，为港澳青年生活居住提供全方位一站式服务。

五　小结

随着粤港澳大湾区建设进程的推进，港澳青年创业将聚集于广州、深圳、珠海三地，也将延伸至珠三角其他城市，并不断向珠三角周围城市扩散，他们将构成国家建设的重要力量，港澳青年创业政策将成为港澳青年融入国家发展大局的重要举措。中央和地方政府在推动港澳青年创业实践上已取得相当程度的成效，但是仍然面临着一些体制机制性问题：

第一，港澳青年在粤港澳大湾区创业发展存在的制度性壁垒。我国在港澳特区实行"一国两制"，即在中华人民共和国内，国家的主体实行社会主义制度，香港、澳门保持原有的资本主义制度。因此，粤、港、澳三地实行政治经济制度有所不同，如司法制度、税收制度等方面的差异，可能给港澳青年在内地创业发展带来阻力。

第二，推进港澳青年创业的机制保障尚不健全。粤港澳大湾区内地城市相继推出扶持港澳青年创业的政策举措，目的就是为港澳青年创客群体创造健康良好的创业环境与条件。但是，有一些地市对港澳青年创业的机制保障停留在政策文本上，尚未落到实处。或是，对相关保障机制的建设还不够完整齐全，在落实细节上仍有不少技术性难题需要破解。

第三，在促进港澳青年创业上政府与市场的角色分工不够明确。政府在推动港澳青年创业上应该发挥指导性作用，而非是对港澳青年创新创业进行包揽或是全责承办。然而，由于市场基础性配置作用发挥不够，市场力量显得有些不足，以致地方政府没有充分考虑市场发展的需求，从而兴起港澳青年创业基地建设的高潮，甚至一些城市出现了抢项目、抢团队现象，基地平台可能出现供给过剩现象。

第四，政府部门之间的协调合作亦不够充分紧密。政府内负责港澳青年创业业务的部门较为分散，有商务、外事、统战等党政部门以及共青团委、妇联等群团组织，它们对港澳青年创业创新的协调合作能力虽然各有不同，但是由于未能行动协调一致，在实际操作中很有可能会发生功能重叠冲突，造成相关人力、物力重复使用和浪费。

第五，港澳青年创业政策宣讲与传播力度不强。2018年《香港青年港澳大湾区发展指数》显示仍有44.13%的港青受访者尚未听过粤港澳大湾区的发展计划,表明港澳相当部分青年对粤港澳大湾区的了解和认知程度不够。① 这也在某种程度上体现出,粤港澳大湾区城市的政策宣传与传播范围还不够广泛深入,不能及时地将相关优惠政策在港澳青年创客群体中传递,造成相当一部分港澳青年创客群体接收有关大湾区政策信息的途径相对闭塞和狭窄。

第六,港澳青年享有内地居民同等待遇的政策举措落实不一。国家虽然已经颁发了《港澳台居民居住证申领发放办法》②,但是粤港澳大湾区内一些地市对港澳台居民内地居住证的实施以及其所代表的公共福利权解释各有不同,而且制定的具体实施细则也不一致,有些地方对相关政策的落实程度也较为缓慢,导致港澳青年创客在大湾区城市的工作、生活、学习、交流上面临不少的政策梗阻或是障碍。

面对上述问题,为继续有效推动港澳青年创业发展,需要从制度机制上寻找优化路径予以改善:

(一) 充分发挥"一国两制"促进港澳青年创业的制度优势

粤港澳大湾区建设是推动港澳青年创业的重要机遇,广东省政府与港澳特区政府在"一国两制"下应实现资源融合、优势互补,把港澳青年创业需求和粤港澳三地制度优势、有利条件有机结合起来,为港澳青年创业搭建平台并挖掘国内外创业资源,共同促进港澳青年创业发展,全面建立健全促进港澳青年创业的制度机制,加强对港澳青年创业的指导和服务机制,调动广大港澳青年创业的激情与热情,为港澳青年在大湾区创业发展创造更为宽广的制度平台与发展空间。

---

① 香港广东青年总会、明汇智库:《香港青年粤港澳大湾区发展指数2018》,2018年。
② 国务院办公厅:《港澳台居民居住证申领发放办法》(国办发〔2018〕81号),2018年8月19日。

(二) 保证港澳青年创业机制保障的连贯性与适切性

港澳青年创业需要政府部门结合大湾区实际，制定出一套健全完善、合理有效、有机衔接的制度机制予以保障。这要求政府在财政资助扶持、基础设施提供、生活配套保障、专业机构管理、社会公共服务、法律服务支持等最基本也是最重要的保障机制方面加以改善和加强，从细节上着眼，整合和利用各种有利的资源，尽可能在制度机制建设上与港澳青年创业实际需要相适应，以联系和服务港澳青年创业者为目标，以维护港澳青年正当合法权益为出发点。

(三) 重视政府引导与市场资源配置的基础性作用相结合

在大湾区实施扶持港澳青年创业政策，既要发挥政府引导作用，也要重视市场在资源配置中的基础性作用。政府不仅要为港澳青年创业提供良好的政策环境和培育条件，也要积极推动市场发挥供给者的角色作用，强化市场在资源配置中的基础性作用，充分利用内地和港澳两个市场的有利优势与条件，完善促进港澳青年创业市场竞争机制和融资投资机制，实现优胜劣汰，孵化出具备产出能力、竞争能力和创业能力的企业。

(四) 建立健全政府扶持港澳青年创业协调机制和机构

制定和实施扶持港澳青年创业的制度政策是推动粤港澳大湾区建设的一项重要工程，需要政府、社会、企业多方力量的共同参与和支持。在粤港澳三地需要建立一个有效促进港澳青年创业的协调机制和机构，负责在实施港澳青年创业政策过程中整合和优化政治、经济、信息等资源配置，协调好政府、社会、企业和港澳青年个体之间的关系，坚持政府推动港澳青年创业，善于与社会和企业合作推进港澳青年创业，并主动积极与港澳青年展开互动与交流，全方位地监督港澳青年政策的实施过程和效果，跟踪反馈执行过程中出现的问题与不足，及时对港澳青年政策做出调整与纠正，推动各地政府执行落实港澳青年创业政策。

（五）加强港澳青年创业政策宣讲和传播机制建设

吸引港澳青年来大湾区创业就业，需要大力加强建设港澳青年创业的政策宣讲和传播机制。为进一步增强对中央和地方政府促进港澳青年创业政策的宣讲力度，并让有意愿来粤港澳大湾区创业的港澳青年及时有效地获取相关政策信息及其所能享受的政策红利，政府相关部门可选择在粤港澳三地的各大高校和其他公共场所搭建港澳青年创业政策的咨询平台，充分利用各种媒介包括微信、微博等新媒体的传播功能。这些政策举措有利于加强促进港澳青年创业的政策宣讲和传播机制建设，进而增强港澳青年创业者对国家鼓励和支持青年创业政策的知晓程度，并解决掉港澳青年存在的对政策法规熟知不全面、信息掌握不充分、规则使用程度较低等问题。

（六）加快落实解决港澳青年创业待遇享有问题

推动港澳青年在大湾区创业发展，应积极向有关国家部门进行协商与探讨，争取能授权在粤港澳大湾区先行先试，探索为在大湾区创业就业的港澳青年享有与内地居民同等待遇的发展模式，在实习、就业、创业、住房、交通、教育、社保等方面全方位为港澳青年到大湾区的创业发展提供制度支持和政策保障，给港澳青年工作、生活带来更为便利的生活环境和条件，提升港澳青年来大湾区创业就业的吸引力。尤其现阶段，大湾区各级政府应积极贯彻实施《港澳台居民居住证申领发放办法》的相关规定，使持有港澳居民居住证的青年在居住地依法享受劳动就业、参加社会保险、缴存提取和使用住房公积金的权利，以及政府提供的义务教育、公共卫生、公共文化教育、法律援助等基本公共服务，并依规享受乘坐交通运输工具、办理金融业务、生育服务登记、机动车登记等政策便利。

第三章　港澳特区政府扶持港澳青年内地创业的政策举措

订立有效而契合时代需要的青年创新创业政策，对于每个地方的发展都十分重要。香港、澳门两个特区作为粤港澳大湾区区域发展的核心引擎城市，推动港澳青年到粤港澳大湾区创新创业将是香港、澳门融入国家发展大局的重点工作，也是保持香港、澳门长期繁荣稳定的重要任务之一。香港、澳门特区政府如何制定合适有效的青年创业政策去回应青年人的生存发展和成长需要，是一个切实需要回答的问题。本章将聚焦分析港澳特区扶持港澳青年内地创业的政策举措及其现实意义，并结合当前粤港澳大湾区发展趋势，就港澳特区政府如何推进港澳青年内地创业提出建设性的推进路径。

一　从港澳视角研究港澳青创扶持政策

订立有效而契合时代需要的青年创新创业政策，对于粤港澳大湾区城市的经济社会融合发展是十分重要的。在中国实施改革开放以后，港澳地区扮演了重要的战略角色，粤港澳三地的合作不断向纵深发展。进入粤港澳大湾区建设的新时期，香港、澳门作为粤港澳大湾区建设当中的两个核心引擎城市，更加积极参与国家发展，其战略地位更加凸显。在此当中，推动港澳两地青年到粤港澳大湾区城市创新创业是香港、澳门融入国家发展大局的重点工作之一，也是构成保持香港、澳门长期繁荣稳定的重要支撑。

近些年来，在港澳青年创业研究领域陆续出现一些较有启示意义的学术成果。由于在前面章节已对这些成果有所论述，故不再赘述。从整体来看，这些研究主要是对港澳青年创业现状、问题表现及其影响因素进行了针对性研究，为港澳青年创业扶持政策进一步研究提供了经验基础。不过，这些研究还是较着重从粤港澳大湾区内地城市的政策实施成效展开研究工作，甚少有研究从港澳视角来系统分析港澳特区政府如何促进港澳青年到大湾区创业发展。因此，本章试图从港澳视角出发，分别专门分析香港、澳门特区政府推进港澳青年到大湾区创业发展的政策举措及其现实意义，在此基础上将提出一些针对性建议，以丰富和推进粤港澳大湾区的港澳青创研究。

二 香港特区政府促进香港青年内地创业的政策举措

香港是国际金融、航运、贸易中心和国际航空枢纽，拥有高度国际化、法治化的营商环境以及遍布全球的商业网络，是全球最自由的经济体之一。香港作为粤港澳大湾区区域发展的核心引擎城市之一，它在粤港澳大湾区的战略定位是：巩固和提升国际金融、航运、贸易中心和国际航空枢纽地位，强化全球离岸人民币业务枢纽地位、国际资产管理中心及风险管理中心功能，推动金融、商贸、物流、专业服务等向高端高增值方向发展，大力发展创新及科技事业，培育新兴产业，建设亚太区国际法律及争议解决服务中心，打造更具竞争力的国际大都会。香港要实现上述目标，香港青年是重要力量来源，需要积极推动香港青年创新创

第三章　港澳特区政府扶持港澳青年内地创业的政策举措

业，尤其需要推进香港青年到粤港澳大湾区创业发展。例如，香港特区政府与广东省政府合作，成立大湾区香港青年创新创业基地联盟，建立一站式的宣传与兼容平台，支持香港平台创业者到大湾区发展、落户。

促进香港青年发展是香港特区政府的重点工作之一。香港特区政府行政长官在《2018年施政报告》及《2018年施政纲领》中提出与非政府机构合作推出试行计划，鼓励香港青年发掘香港以外的机遇，善用粤港澳大湾区创新创业基地。同时，宣布向青年发展基金注资，邀请青年发展委员会研究推出新计划，资助香港非政府机构为在香港及在粤港澳大湾区其他城市创业的香港青年提供到位的创业支援及孵化服务，例如落户创业基地、进一步协助香港青年解决创业初期的资本需要、举办年期较长并与政府发展青年工作相辅相成的项目等。[1] 在香港，青年发展委员会是一个高层次督导委员会，负责加强香港特区政府内部的青年政策统筹工作，从而更全面及有效地研究及讨论香港青年关注的政策议题，并推动跨局、跨部门协作，一同落实青年发展委员会议定的政策措施，更好关注香港青年的学业、事业和置业。[2]

2019年，香港特区政府行政长官在《2019年施政报告》中，提出向社会创新及创业发展基金注资5亿元，进一步推动社会创新。特区政府亦将资助业界在深圳前海地区设立培育计划及举办交流活动，协助香港年轻创意人才及初创企业在大湾区发展事业。特区政府将成立"大湾区香港青年创新创业基地联盟"，邀请粤港两地机构包括具实力及曾提供过支持的双创基地、大学、非政府机构、科研单位、专业团体、创投基金等加入联盟，携手建立一

---

[1] 参见《行政长官2018年施政报告》，第80—84页；《中华人民共和国香港特别行政区行政长官2018年施政报告施政纲领》，第181—185页。
[2] 参见《香港青年发展委员会简介》，2020年3月1日，https://www.ydc.gov.hk/tc/ydc/welcome.html。

站式资讯、宣传及交流平台，以支持在大湾区创业的香港青年，协助处理香港青年创业者遇到的问题，使联盟成为一个有效处理创业疑难的平台。为拓宽香港青年的视野，特区政府亦研究推出更多青年内地实习计划，包括进一步扩展"内地专题实习计划"，与内地机构合作提供更深更广的实习机会；以及在"粤港澳大湾区香港青年实习计划"框架下，开设与创科产业有关的专项实习计划，在内地一线创科龙头企业总部提供优质的实习岗位。[1]

从设立的相关基金看，青年发展委员会设立"青年发展基金"的目的是与非政府机构合作，支持青年人创业及其他青年发展活动，其中包括以资金配对形式与非政府机构合作，从而协助青年人创业。青年发展委员会在2019年3月在"青年发展基金"下推出"粤港澳大湾区创新创业基地体验资助计划"及"粤港澳大湾区青年创业资助计划"，资助香港非政府机构为在香港与大湾区内地城市创业的香港青年提供更到位的创业支援及孵化服务，包括落户创业基地，以及进一步协助青年解决创业初期的资本需要。

（一）粤港澳大湾区创新创业基地体验资助计划

"粤港澳大湾区创新创业基地体验资助计划"旨在让有兴趣在大湾区创业的香港青年，在决定落户大湾区内地城市进行创业计划之前，能够认识当地的创业环境和政策，亲身体验拟落户的创业基地及拟发展的行业（如适用）。通过创业基地体验，香港青年可亲身理解拟落户的创业基地的运作模式、支援服务、创业氛围等，从而帮助他们考虑日后做出明智决定。同时，通过在相关行业的体验，香港青年可更明白内地相关行业的结构、发展情况、规管模式，从而有助他们日后更务实地计划创业蓝图。[2] 体验项目

---

[1] 参见《行政长官2019年施政报告》（附篇）中的第四章《多元经济》及第八章《与青年同行》，第39—40、102页。

[2] 具体参见青年发展基金《粤港澳大湾区创新创业基地体验资助计划申请指引》。

第三章　港澳特区政府扶持港澳青年内地创业的政策举措

获得的资助要求全数用于符合条件的香港青年：香港永久性居民（即持有有效香港永久性居民身份证的居民）；年龄介乎18至35岁；有兴趣创业但未有清晰路向及对大湾区的创业环境缺乏认识；以及从未参加本资助计划下的其他体验项目。

"粤港澳大湾区创新创业基地体验资助计划"对申请机构也做了严格的规定，必须符合相关资格条件：须是依香港法例注册并具非牟利性质的非政府机构；或是依香港法例注册并具慈善性质的非政府机构；或是由香港特别行政区政府全资拥有或管理的机构；或是其他法定机构。每一个获批资助的体验项目，资助上限为港币70万元，而每个获资助机构的总资助上限为港币140万元。

粤港澳大湾区创新创业基地体验资助计划重点在于，加强香港青年对位于大湾区内地城市的青年创新创业基地及内地相关创业政策和配套措施的认识和了解，并在进行创业计划之前，体验其拟落户的创业基地及拟创业之行业，让他们可以亲身体验大湾区内地城市的创业环境。体验资助计划的内容要求必须具备规定的组成要素：当地创业环境和政策介绍；大湾区内地城市双创基地体验，包括介绍创业基地的运作模式、支援服务、创业氛围、参与/观摩创业比赛或有关活动等；及具有主题性的或针对特定行业的体验活动，包括介绍内地相关行业的结构、发展情况、规管模式，或在拟创业之行业/其他相关创业团队影子工作或短期实习等。

（二）粤港澳大湾区青年创业资助计划

粤港澳大湾区青年创业资助计划分为两部分：服务部分和资助部分，[①] 对它们的实施宗旨、资助重点、申请机构资格条件、服

---

① 具体参见青年发展基金《粤港澳大湾区青年创业资助计划申请指引》。

务对象范围、开展资助项目等进行方方面面的规定。

1. 资助计划服务部分

资助计划服务部分设立的初衷是因为香港青年要创业发展和实现梦想，除了要有良好的产品或服务意念外，更得需要有周详的市场分析、执行计划及预算等，确保有关产品或服务能顺利生产并推出市面，满足市场需要。特别就跨境创业而言，香港青年更应对当地营商环境、创业政策、市场及供应链情况等有深入认识，减少碰钉子的机会。而香港非政府机构能够为香港青年提供不同的创业支援及孵化服务，这样有助香港青年认识创业过程及处理可能面对的问题，增加成功机会。因此，青年基金设立"资助计划（服务部分）"，资助香港非政府机构为香港青年提供更深、更广、更具针对性及更具持续性的创业支援及孵化服务，包括协助他们落户位于香港及大湾区内地城市的双创基地。透过提供这些服务，机构可启发和培育青年人的创业精神，并让青年人在创业过程中与不同的人士接触和交流，吸收各方面的知识和宝贵的经验，协助他们在创业的过程中做出适当的决定。

资助计划（服务部分）的重点是资助合资格的香港非政府机构为正在创业，或有意创业并已就此认真做出准备的合资格青年，提供深而广，并具备针对性及持续性的创业支援及孵化服务，例如协助他们认识位于香港及/或大湾区内地城市的双创基地，并选择条件合适的双创基地落户。资助计划（服务部分）对申请机构也做出了资格条件的要求：依香港法例注册并具非牟利性质的非政府机构；或依香港法例注册并具慈善性质的非政府机构；或由香港特别行政区政府全资拥有或管理的机构；或法定机构。获得资助计划资助的非政府机构举办的服务项目须具备两个元素：一是创业支援及孵化服务，例如：协助香港青年认识香港及大湾区内地城市的双创基地；聘请专业创业导师指导创业过程，并教导香港青年营商须知；提供市场及供应链拓展服务；安排业界交流及提供融资配对服务。二是提供专业咨询服务，包括法律、会计及/或政策咨询服务及有关专业讲解等。

这些机构获得资助计划资助的服务项目的资助服务期最少1年，最长不可超过3年。每年资助额上限是100万元港币，或者10万元乘以Y，而Y是指申请机构在资助计划（资本资助部分）下拟资助的初创企业数目。资助计划（服务部分）提供的资助金只可用于为提供服务项目下拟议的服务，以及用以支付营运服务项目和资本资助项目而产生的直接开支。

资助计划服务项目要求获得的资助必须全数用作惠及符合资格的香港青年：同一机构在资助计划（资本资助部分）下举办的资本资助项目所资助的初创企业的持有人/股东/合伙人；及其他符合以下资格的青年人：香港永久性居民（即持有有效香港永久性居民身份证的居民）；年龄介乎18岁至40岁；正在创业或已认真就创业做出准备，并具备较周详计划；从未接受青年基金首轮名为"创业配对基金"的资助；及并无参加其他机构获资助计划（服务部分）及资助计划（资本资助部分）资助举办的项目。

2. 资助计划资本资助部分

资助计划的资本资助部分是为了加强对香港创业青年的政策支持，鼓励更多有质素及可持续的青年初创企业发展。资助计划的资本资助部分是经过青年发展基金优化的"创业配对基金"，其后正式更名为"粤港澳大湾区青年创业资助计划（创业资本资助部分）"，主要透过获资助机构提供资金及要求机构做出配对，从而为青年初创企业提供种子资金，进一步回应他们在香港以及在大湾区内地城市创业初期的资本需要。

资助计划（资本资助部分）的重点是透过协助青年解决创业初期的资本需要，启发和培育青年人的创业精神。获资助机构须负责审批由合资格青年创业者成立的初创企业递交的资本资助申请并以公平公正方式甄选合适的初创企业接受资本资助。机构负责管理有关向获选初创企业发放资助事宜及贷款事宜，同时透过同一机构举办的服务项目，向获选初创企业提供支援、培训及指导，协助他们创业。资助计划（资本资助部分）应与资助计划（服务部分）相辅相成。

资助计划（资本资助部分）以配对形式为资本资助项目提供资助，配对比例为 3∶1。资助计划（资本资助部分）最多可提供 450 万元的资助，机构亦须同时提供不少于 150 万元的配对金。由资助计划（资本资助部分）提供的资助，应全数由机构以有条件无偿资助形式发放予获选初创企业。每家获选初创企业可获得由资助计划（资本资助部分）提供的资助上限为港币 45 万元。由机构提供的配对金，应全数透过有条件无偿资助形式或贷款形式或两者混合形式，发放予获选初创企业。每间获选初创企业可获得由机构提供的资助/贷款上限为港币 15 万元。

对于向机构申请其资本资助项目下的资助及贷款（如适用）的初创企业需要满足该计划规定的资格条件，即初创企业的独资持有人/所有股东/所有合伙人应是：香港永久性居民（即持有有效香港永久性居民身份证的居民）；年龄介乎 18 岁至 40 岁；在提出申请时，初创企业及其独资持有人/所有股东/所有合伙人必须没有破产或涉及破产程序；初创企业及其独资持有人/所有股东/所有合伙人必须从未接受青年基金首轮名为"创业配对基金"资助；在提出申请时，初创企业的业务应尚未开始运作，或已开始运作但不超过 3 年；在提出申请时，初创企业应已在或打算在香港及/或大湾区内地城市设立业务等。

（三）其他基金资助及创业服务计划

1. 大湾区共同家园青年公益基金及其资助计划

"大湾区共同家园青年公益基金"是由"大湾区共同家园发展基金"联合各界青年领袖发起成立的一个公益基金，助力香港青年解决在学业、就业、创业等方面遇到的实际困难和问题，该基金会受到香港中联办、香港特区政府的大力支持。而"大湾区共同家园发展基金"由驻港大型中资企业、香港企业等多家企业联合发起，用于支持香港地区发展成国际科创中心，协助香港优势产业与广东及澳门等地企业和机构携手，共同参与大湾区建设。

"大湾区共同家园青年公益基金"的宗旨是以服务香港青年为主的非牟利慈善机构。基金会聚了各界青年领袖，以"助青年，创明天"为使命，集合及善用粤港澳大湾区的资源，为青年于学业、就业、创业等方面发展搭台、搭梯及搭桥，提升自身价值，积极面对挑战，于大湾区共享发展机遇，并同时促进粤港澳大湾区建设。"大湾区共同家园青年公益基金"现推出两项计划：第一项是"2020—2021年度大湾区青少年项目资助计划"。该计划是以帮助青少年在大湾区的学习、实习、交流、就业及创业为目的，协助他们对大湾区的发展和行业前景有所掌握，提升青少年的自身技能，为大湾区的未来发展发掘及培养人才，令青少年的无限潜能在大湾区得以发挥，并在大湾区发展立足而推广的青少年项目资助计划。第二项是"2020—2021年度大湾区'粤历初体验'交流资助计划"。该计划透过资助非政府机构举办青少年前往大湾区内地城市的交流活动，促进青年人认识和了解大湾区的现况与未来发展前景，以及促进大湾区内有志向的年轻人的互相交流，带给他们一个可以互相学习和共同进步的平台。

2. 香港青年联会及其深圳创业服务试行计划

"深圳创业服务试行计划"是香港特区政府与香港青年联会合作的香港青年创业试验计划，旨在鼓励香港青年到粤港澳大湾区创业。香港青年联会以中华全国青年联合会及各省市青联的港区特邀委员为核心，由本港各界青年才俊、青年团体领袖及学界精英组成。香港青年联会的宗旨是拥护中英联合声明及香港特别行政区基本法，维护香港繁荣稳定，支持香港特别行政区政府依法施政；增进爱中国、爱香港的青年人士的相互了解和友谊，广泛团结香港各界青年，培养建港人才；推广、促进香港青年与内地和海外青年的交流，支持祖国和平统一。为了响应和落实香港特区政府提出要与非政府机构合作推出试行计划的施政措施，以及更好鼓励香港青年善用大湾区创新创业基地，2018年香港青年联会与民政事务局合作，正式推出"深圳创业服务试行计划"。

"深圳创业服务试行计划"实行的目的是助力本地青年发掘香港以外机遇，在粤港澳大湾区城市试行创业计划。试行计划选取福田岗厦、罗湖尚创峰、南山智园深港澳青年创新创业基地作为首批试点。"深圳创业服务试行计划"的首批计划名额暂定为20至30个团队，试验期为6至12个月，期间会提供一站式的创业支援及落户优惠措施，包括向香港青年北上创业可免租优惠不少于6个月及不多于5年、协助申请所需牌照及在内地成立办公室等，希望透过减低成本门槛，便利有意在大湾区发展的香港青年融入及对接内地市场。试行计划服务对象要求申请人公司的业务营运年期不可少于6个月及不可多于5年，申请人年龄必须为18岁至35岁，并持有香港永久居民身份证。目前该计划组成首批7个进驻团队，这些团队从全港招募的青年创业团队中层层选拔而出，创业领域涉及大数据分析和应用、网络招聘平台、建筑设计、全息投影科技、个性化皮具定制等。

3. 企业内地与海外暑期实习计划

香港特区政府推出"企业内地与海外暑期实习计划"，致力于为香港青年提供在内地和海外具质素的实习机会，目的是开阔香港青年的视野。香港特区政府在2018年就以先导计划的形式与香港大型企业合作，推出"企业内地与海外暑期实习计划"，让香港青年在这些企业驻内地和海外的业务进行实习。参与企业将为青年人提供数百个优质的境外暑期实习岗位，内地方面则包括多个粤港澳大湾区内地城市、北京、上海、成都、重庆、厦门等，而海外方面包括新加坡、马来西亚、印尼、泰国、越南、英国、瑞典及日本。参与企业承担实习生的主要开支，包括机票及住宿费用等，确保优秀的青年人不会因为经济问题而未能受惠于计划，同时委派专责同事为实习生提供培训及支援。香港特区政府将为实习生安排一系列活动，丰富他们的学习经验和增广见闻。实习生进行实习的职位涵盖金融服务、能源、地产、公共事业等多个行业。申请人需要符合的条件是持有有效的香港永久性居民身份证，以及现就读学士学位课程或研究院课程的学生，实习期一般为期不少于六个星期。该计划是让青年有更多机会了解不同地方的工作文化，开阔国内国际视野，期望透过政府和企业的共同努力，培育一批具备国际视野、熟识大型企业和世界各地职场文化，拥有丰富内地和海外人脉网络的年轻人才。

三 澳门特区政府促进澳门青年内地创业的政策举措

澳门也是一个自由开放经济体，作为世界旅游休闲中心和中国与葡语国家商贸合作服务平台的作用不断强化，多元文化交流的功能日益彰显。在粤港澳大湾区建设规划中，澳门的战略定位是建设世界旅游休闲中心、中国与葡语国家商贸合作服务平台，促进经济适度多元发展，打造以中华文化为主流、多元文化共存的交流合作基地。重视澳门青年的成长发展，一直也是历届澳门特区政府的重要工作之一。2002年澳门特区政府在原有的青年委员会的基础上进一步成立了"青年事务委员会"。2003年，澳门社会工作局委托香港城市大学青年研究室进行"澳门特别行政区——青年问题与服务发展蓝图研究"，广泛关注澳门青年的生活状况以及政府提供的社会服务。2005年，澳门青年事务委员会成立"青年全人发展策略"专责小组，并在2007年完成并公布《澳门青年全人发展策略》。

近年来，为促进澳门青年积极融入国家发展大局、参与国家建设，澳门特区政府制定了相应的一系列政策举措。例如，澳门特区政府教育暨青年局制定实施了《澳门青年政策（2012—2020）》，共有270项青年政策行动计划关注青年健康成长，为青年的全面发展创造良好条件。随后，教育暨青年局编制实施《〈澳门青年政策〉行动计划2017—2020》，按序落实与青年政策相关的工作，积极促进澳门青年成长发展。随着粤港澳大湾区建设的深入推进，澳门特区政府也出台一系列政策举措，鼓励澳门青年把握好粤港澳大湾区建设带来的发展机遇。同时，澳门特区政府与粤港澳大湾区内地城市展开密切合作，助力澳门青年到大湾区创业发展。当前，澳门特区政府围绕澳门青年创业孵化中心及相关创业资助计划，展开澳门青年创新创业的工作。

（一）建成澳门青年创业孵化中心

澳门特区政府在2015年就设立澳门青年创业孵化中心，以每天24小时、全年365天无休的营运方式，为青年提供创业配套支援服务。澳门青年创业孵化中心以"场地＋服务"为特色，从软、硬件全方位照顾创业青年的需要，2017年10月委托特别行政区政府全资拥有的澳中致远投资发展有限公司负责营运。[①] 位于澳门商业区的澳门青年创业孵化中心，除向创业青年提供免费临时办公地点外，亦提供创业营商培训、顾问咨询、设立公司一站式服务，以及最新市场信息等全方位的综合支援服务，并且以"7天、24

---

① 参见《澳门青年创业孵化中心简介》，2020年3月1日，https://myeic.com.mo/about-centre/%e4%b8%ad%e5%bf%83%e7%b0%a1%e4%bb%8b/。

小时、365 日"全天候开放的模式运作，迎合处于创业起步阶段、时刻拼搏的创业青年需要，切实支持青年创业的发展。澳门青年创业孵化中心会定期组织路演及商业对接、交流在活动、创新创业大赛、创业讲座、培训课程等活动，提高青年创业项目竞争力，助其拓展市场和融资渠道。2018 年 10 月，澳门青年创业孵化中心获国家科学技术部授牌，成为港澳地区首个"国家级备案众创空间"。澳门青年创业孵化中心在位于中山的粤澳青年创新创业基地建立"澳中致远火炬创新园"，园区将包括"葡语系国家特色产品展示中心""澳门中山科研成果转化中心"等多功能布局定位，进一步连接内地与海外双创资源，加速融入区域合作、建设"一带一路"欧洲门户的国家发展大局。至 2019 年 8 月底，澳门青年创业孵化中心共接获 343 项进驻申请，251 项获批准；获批企业主要从事科技、文化、会展旅游业、餐饮管理业、商贸服务业及医药业等行业。[①]

（二）青年创业援助计划

《青年创业援助计划》是特区政府在工商业发展基金下设立的一项促进澳门青年创业项目计划，目的是鼓励澳门青年在传统就业取向以外开拓新的选择和机会，实践创业理想，并为澳门的经济发展注入新的动力。《青年创业援助计划》将为拥有创业理想但缺乏资源的本地青年提供一笔免息援助款项，协助他们减轻创业初期的资金压力。凡是创业青年以及由澳门的创业青年持有超过 50% 出资的有限公司，均可提出申请，援助他们用于购置商业企业营运所需的设备，为商业企业营运场所进行装修工程，订立商业特许合同或特许经营合同，取得技术专用权或知识产权，进行宣传及推广活动，以及作为商业企业的营运资金等用途，援助金

---

① 参见澳门特区政府《二〇一九年财政年度政府工作总结》，第 66 页。

额上限为澳门币 30 万元，最长还款期为 8 年。截至 2019 年 8 月底，共接获 1996 宗申请，批准 1490 宗，涉及金额约 3.4 亿澳门元，受惠青创企业以零售业、餐饮业及对公司之服务为主，配合澳门新兴产业的发展方向。同时，计划对逾千家受惠企业共创造达 4000 多个工作职位，对本地就业市场起到正面的作用与影响。[①]

（三）中葡青年创新创业交流计划

澳门经济局推出"中葡青年创新创业交流计划"，是为推动澳门企业及澳门青年创业人士到葡语国家投资及发展，强化澳门在中葡经贸合作服务平台中的角色；鼓励青年企业家到葡萄牙认识当地市场及寻找合作和发展机会，并促进澳门、内地及葡语国家的青年企业家之间的互动交流，启发创新思维、拓展商机。中葡青年创新创业交流计划将会提供机会予澳门青年创业者进驻里斯本的初创孵化机构，进一步推动中葡青创商贸交流合作。计划对象为 31 岁至 44 岁的澳门青年，旨在协助及支持有意到葡国的澳门创业青年与当地企业进行创业交流和对接，计划内容主要包括免费进驻位于葡萄牙里斯本的 Second Home 工作间，参与和使用由葡萄牙著名初创孵化加速机构 Fábrica de Startups 为参与者提供的培训及顾问咨询服务，以及参加当地的各项商业交流联系活动。该交流计划自 2017 年 11 月推出至 2019 年 8 月底，有从事商贸服务、文创及科技等行业的 57 人次申请参与，当中 32 人次顺利完成交流计划。[②]

（四）专业顾问服务互换计划

为加强支援澳门青年在大湾区创业发展，经济局于 2019 年 6

---

① 参见澳门特区政府《二〇一九年财政年度政府工作总结》，第 66 页。
② 同上。

月推出"专业顾问服务互换计划",透过澳门青年创业孵化中心推进与大湾区相关青创孵化机构共同合作,相互向在地的进驻创业团队提供法律、会计及税务等方面的专业顾问服务,让澳门初创人士在大湾区创业发展和开拓业务时,得到专业和可靠的创业支援服务。专业顾问服务互换计划的服务对象是透过协议认可机制获推送到内地相关青创孵化机构的澳门初创企业或团队,以及已进驻内地相关青创孵化机构的澳门初创企业或团队。同时,专业顾问服务互换计划的合作内容有两项:一是有意到大湾区发展的初创企业或人士,可向经济局或澳门青年创业孵化中心提交申请表及创业计划资料,透过合作机制,可获推送到内地相关青创基地进行孵化;二是获推送到内地相关青创基地的本澳初创企业,除可免费使用基地内的工作空间,亦可使用基地所提供的专业顾问服务。该项计划首阶段共有十个湾区青创孵化机构共同参与,针对澳门青年在内地创业初期常遇到的经营困难,提供法律、会计及税务等专业顾问服务,协助其解决实务问题;同时,亦提供工商登记、知识产权保护、政策咨询等服务,务求为澳门青创企业提供更全面和到位的专业顾问支援服务。

(五) 青年湾区创业创新计划

澳门特区政府在施政方针中提出"青年湾区创业创新计划",为澳门融入大湾区青年创新创业发展提供了崭新的台阶,内容涉及澳门青年到大湾区的实习计划、创业体验、考察交流等。例如,澳门人才发展委员会与广东省人民政府港澳事务办公室于 2020 年联合举办"澳门青年湾区实习计划"创业体验项目及"粤港澳大湾区澳门青年实习计划",在澳门或澳门以外就读的澳门大专学生利用暑假前往广东珠三角城市的企业进行实习,了解创业的过程,并从中学习有关创业的知识和了解当地市政府相关政策,加深了解内地经济社会发展情况,拓展在湾区内创新发展的空间,从而启发其到湾区创业或就业。

四 港澳特区政府推进港澳青年创业的现实意义

正是由于香港、澳门特区政府历来重视青年工作，在日常实践中注重与港澳青年加强交流与沟通，采取多元化和具针对性的政策举措促进青年发展与健康成长，这必将为港澳青年创新创业创造可最大限度地发挥才智的空间和机遇。随着粤港澳大湾区建设的步伐不断深入推进，内地城市与港澳特区在各方面的交流合作不断深化，人才、资金、技术、信息等要素跨境流动也不断加快，经贸关系变得日益密切，司法合作不断取得新成果，内地与港澳在金融领域的规则对接也不断加强。因此，在新时代背景下，推进港澳青年到粤港澳大湾区创新创业可谓是恰逢其时。从实践上来看，港澳特区政府积极推进港澳青年赴内地城市创业发展将具有重要的现实意义，主要体现在以下四个方面：

第一，通过发挥港澳青年的知识技能与创业潜能，推动港澳青年人才到粤港澳大湾区城市创新创业，助力他们在珠三角城市寻找到有利的发展空间，也将有力推动香港、澳门两地加快融入国家创新创业体系，从而在粤港澳大湾区构建一个开放互通、布局合理的区域创新创业体系。

第二，推动港澳青年在粤港澳大湾区创业，是积极促进人才要素跨境流动的重要体现，也有利于带动资本、信息、技术等创新要素的跨境流动，助力粤港澳大湾区推进相关项目的建设，如"广州—深圳—香港—澳门"科技创新走廊建设、粤港澳大湾区大数据中心和国际化创新平台建设等。

第三，通过推动港澳青年在粤港澳大湾区创业创新，可以促进粤、港、澳三地优势互补、相互合作，推进实现粤港澳三地共建共享创新创业资源，加强粤港澳大湾区创新创业交流机制建设，健全完善粤港澳大湾区创新创业生态体系，以港澳青年创业创新的良好发展势头加强粤港澳三地区在经济、金融、科技、贸易等领域的合作发展。

第四，就港澳青年群体自身而言，可以更好拓展港澳青年的生存发展空间，通过为港澳青年提供良好的创业创新环境与条件，将为他们实现创业梦想和人生价值创造更多有利机会。同时，港澳青年进入粤港澳大湾区内地城市创业发展，将进一步推动港澳青年与内地青年交往交流、交心交融，使他们能够相互促进、相互合作，更好促进港澳青年融入国家发展大局，以切实行动参与国家建设。

五　小结

在"一国两制"之下，香港、澳门两个特区享有独特的双重优势：一方面，香港、澳门是国家的一部分，但同时拥有与内地不同的经济、法律和社会制度。另一方面，香港、澳门作为高度开放和国际化的城市，可以将国际联系延伸至内地城市，协助引进外资与先进管理经验，也可以与内地企业共同开拓海外市场、寻找发展机遇，促进内地的经济社会发展。基于此，香港、澳门特区政府要充分把握粤港澳大湾区建设所带来的机遇，把国家所需和香港、澳门所长有机结合起来，并与粤港澳大湾区其他城市实现优势互补、协调发展，充分发挥市场化机制的作用，在融入国家发展大局的同时，持续实现香港、澳门两地的经济社会繁荣稳定，让港澳居民尤其是广大的港澳青年在粤港澳大湾区建设中获得更多的参与感和获得感。从粤港澳大湾区建设进程来看，香港、澳门特区政府已经积极推进港澳青年创新创业活动，并且从各个方面制定实施细致的政策措施，越来越多的港澳青年愿意选择来到粤港澳大湾区发展，熟悉内地城市创业环境与优惠条件，推进港澳青创的实践成效逐渐显现。为继续做好支持港澳青年在大湾区的创新创业工作，建议港澳特区政府大体上可以从以下路径开展工作：

第一，进一步加强和完善香港特区政府、澳门特区政府与广东省政府共同推进港澳青创事业发展的协调机制。香港、澳门两地政府与广东省政府的高层会晤，应适时研究港澳青年创新创业事项，负责指导和全面推动开展港澳青创领域的合作项目。在粤港合作的联席会议制与粤澳合作的联席会议制中，港澳特区政府及其负责部门应该更加注重有关港澳青创事务合作交流的统筹协调，全面发挥粤、港、澳三地的制度优势与丰富资源，促进粤、港、澳三地支持港澳青创的规则对接，合力打造粤港澳大湾区港澳青年创新创业大平台，不断创新粤、港、澳三地青年人才的交流合作机制，积极推动与人才要素相匹配的信息、技术、资本等要素跨境流动，健全完善支持青年创业创新的资源共建共享机制，为港澳青年提供优质的创业就业环境和实现人生梦想的舞台。

第二，多举措地鼓励港澳青年向粤港澳大湾区"走出去"。港澳高校要发挥积极作用，设置涉及创业创新的培训课程，让学生具备了解创业风险及创业技能的专业知识。在学校可举办规模相当的创业大赛，鼓励在校学生进行创业，并对他们实行一对一的创业培训与创业服务。此外，港澳特区政府可以开辟丰富多彩的参与形式、创造更多有利的机会，推动港澳青年参与粤港澳大湾区论坛、交流、考察、实习、创业体验、培训班、训练营等活动，使他们能够从容地融入粤港澳大湾区生活，熟悉粤港澳大湾区环境与创业氛围，敢于在粤港澳大湾区打拼创业，发挥他们的聪明才智，激发自身的创业潜能，使港澳青年能够在粤港澳大湾区城市尽快"进得去、干得好、留得下、融得入"。

第三，加大港澳特区政府有关粤港澳大湾区政策的宣传力度。港澳特区政府要借助传统媒体与自媒体等媒介宣传相关政策，并设置和优化创业资讯平台，使港澳青年能够全面接收相关信息，方便港澳青年创客查询有关讯息，提高港澳青年的信息对称度，重点要从特区政府及非政府机构的创业服务、创业资助、创业补贴、创业组织、创业优惠等方面向港澳青年解释特区政府促进港澳青创的政策举措，引导更多有志港澳青年投入参与创业创新活动，带动他们参与粤港澳大湾区建设，投身国家发展大局当中去。

第四，特区政府要充分利用港澳两地的社会力量。港澳两地的社会力量多元且较为活跃，港澳特区政府可以推动港澳两地的社会力量参与到港澳青创事业发展，例如与商会、公益性机构、社会团体、同乡会、社会工作者、知名企业家、社会热心人才等非政府机构进行联系与合作，例如推动它们与内地社会组织成立港澳青创联盟或港澳青年创新创业平台，帮助港澳青年熟悉内地法律法规及创业保障机制，担当港澳创业青年的中间人与联络者角色，从中提供合适的路径推动港澳青年创客进入大湾区城市创业发展，借助他们的专业知识与优势力量，拓展港澳青年的创业机遇与创业空间。

第五，要注重培育和发展优质的港澳青年创业项目。粤港澳大湾区发展规划纲要中提到要依托香港、澳门、广州、深圳等中心城市的科研资源优势和高新技术产业基础，联合打造一批产业链条完善、辐射带动力强、具有国际竞争力的战略性新兴产业集群。这对香港、澳门的产业发展与科研项目开发提出了更高要求，港澳特区政府在推动新一代信息技术、生物技术、高端装备制造、新材料、新一代通信技术、生物医药、高端医学诊疗设备、基因检测、现代中药、智能机器人、3D打印等重点领域的产业发展过程中，应该培育和扶持一批港澳青创初创企业，提升港澳青创的高科技含量与创新质量，增强港澳青年创新创业的竞争力。

第六，港澳特区政府的政策供给与港澳青年创业需求相适应。港澳特区历来重视港澳青年成长与发展，善于利用港澳较为充足的社会力量进行青年工作。港澳特区政府可以委托专业的科研院校、智库单位或社会团休,由他们针对港澳青年创客群体开展广泛的访问调查工作,长期负责做好港澳青年创业就业的调研工作,通过长时间的跟踪分析,有效精准识别港澳青年的创业需求,汇集各方不同意见并及时反馈调整,提出科学的、客观的政策建议,以供港澳特区政府有关部门做决策参考,专门制定有针对性的政策措施,协助港澳青年顺利踏入粤港澳大湾区城市创业发展。

第四章 权能双赋视角下港澳青创扶持政策的实施路径

制定与落实港澳青创扶持政策是推进粤港澳大湾区建设的重要内容。粤港澳大湾区各级政府实施港澳青创扶持政策是沿着"赋权"与"赋能"两条路径并进,即"权能双赋":在赋权上,围绕社会权利为中心展开权利资格的确认保障,对港澳青年的社会福利权、住房保障权、受教育权、平等就业权制定相应的法律法规保障;在赋能上,从青创基地建设、创新创业大赛、培训交流、税收优惠、创业资助、融资募投、推动社会参与方面采取有效措施,促进港澳青年提升创业能力与创新意识。港澳青创扶持政策的发展模式尚处于探索实践的阶段,"赋权"与"赋能"两者相辅相成、不可偏废,仍需立足于"权能双赋"视角上寻求促进港澳青创事业发展的推进策略。

一 港澳青创扶持政策的实施路径:赋权与赋能

建设粤港澳大湾区既是新时代推动形成全面开放新格局的新举措,也是推动"一国两制"事业发展的新实践。当中,制定落实港澳青创扶持政策是推进粤港澳大湾区建设的重要内容。按照《粤港澳大湾区发展规划纲要》的任务要求,粤港澳大湾区建设要

"为港澳青年创新创业提供更多机遇和更好条件",提出多项有利港澳青年在内地创业发展的政策举措,如加快建设港澳青年创业基地建设、条件符合的港澳青年创客享受所在城市的创业补贴、设立青年发展基金、促进港澳青创的实习计划等,不但能支持港澳青年融入国家、参与国家建设,也能将粤港澳大湾区打造成为港澳青年人才创新创业的聚集地。

自粤港澳大湾区建设作为国家战略实施一年多来,粤、港、澳三地鼓励港澳青年创新创业的落地政策日渐增多,尤其大湾区内地9城市相继出台加强港澳青年创新创业及推进青创基地建设的实施方案,[①] 从政策支撑、平台打造、环境营造、保障机制、金融服务等方面有序推进港澳青创事业发展,吸引港澳青年人才跨境创业,正在推进大湾区整体的经济活跃程度和社会开放程度。目前大湾区内地9城市全方位、多维度地兴起港澳青创基地建设热潮,广东建有60多家港澳青创基地,广州打造港澳青创基地达28家,入驻项目200多个;深圳建有13家,几乎覆盖每个区,400多个项目正在孵化。这些青创基地积极培育与引进港澳青年创业项目,在租金优惠、平台服务、资源对接、法律援助、基础设施等方面给予极大帮助,港澳青创发展势头良好且成效初显,粤港澳大湾区逐渐成为港澳青年创新创业热土和成长成才舞台。

基于港澳青创事业的发展趋势,亟待解答的问题是:当前大湾区各级政府实施的港澳青创扶持政策是如何推动港澳青年创业

[①] 目前粤港澳大湾区内广东及9地市出台相应促进港澳青创及推进青创基地建设的实施方案,包括《广东省关于加强港澳青年创新创业基地建设实施方案》《关于鼓励港澳青年来穗创新创业工作方案》《佛山港澳青年创业孵化基地建设实施方案》《东莞松山湖推动港澳人才创新创业实施办法》《江门市关于加强港澳青年创新创业基地建设实施方案》《深圳市加强港澳青年创新创业基地建设工作方案》《关于加强珠海市港澳青年创新创业基地建设的实施方案》《惠州仲恺港澳青年创业基地实施方案》《肇庆市鼎湖区港澳青年创新创业基地实施方案》以及由穗港澳三地联合发起的"粤港澳大湾区青年职业发展5A行动"。

创新发展的？若从权能赋予角度看待此问题，就要回答港澳青创扶持政策的实施路径是如何"赋权"与"赋能"的？是否形成了特定的实施路径？为此，本章将结合粤港澳大湾区相关港澳青创扶持政策及实践经验，从"赋权"与"赋能"两种视角上建构一种理论框架予以解释。

二 权能双赋：一个分析框架

从实践看，粤港澳大湾区各级政府推动港澳青创事业发展，实际上是沿着权利保障与能力提升的两条路径并行推进实施的，概括来说就是"权能双赋"。具体而言：一方面，既要赋予港澳青年作为"国民"在粤港澳大湾区创新创业过程中所应享有的基本权利；另一方面，也为提升港澳青年创新创业能力提供多种可行的途径和创造有利的机遇。为更好理解港澳青创扶持政策实施语境中构建的"权能双赋"解释框架，需要明确界定"赋权"和"赋能"概念的内涵特征。

（一）一条路径：重视"权利保障"的"赋权"

"赋权"的英文原词为"Empowerment"，也有译作"增权"或"充权"的。赋权理论最早出现在美国的社会工作与社区研究中。如今"赋权"概念广泛适用于政治与治理领域，或将其理解为国家或地方政府向社区下放权力，如向居民赋予议决权与行动权；[1] 或是赋予公众参与地方治理的法定基本权利，如知情权、表达权、参与权和监督权以及参与治理实践的"行动权利"。[2] 亦有

---

[1] 袁方成、候亚丽：《赋权的协商民主：绩效及其差异性》，《江汉论坛》2018年第11期。

[2] 张紧跟：《从行政赋权到法律赋权：参与式治理创新及其调适》，《四川大学学报》（哲学社会科学版）2016年第6期。

一些研究者将"赋权"用之分析特定领域的事物变革发展对政治、经济与社会所产生的影响与作用，如技术赋权、信息赋权、教育赋权、制度赋权、符号赋权等研究。有研究者明确从权利角度界定赋权，赋权是"国家通过立法和法律实践给予个体充分的权利保护"[1]，也有研究者将其理解为是"赋予权利或权威的过程，是把平等的权利通过法律、制度赋予对象并使之具有维护自身应有权利的能力。透过这一过程，人们变得具有足够能力去参与影响他们生活的事件和机构，并且努力地加以改变"[2]。譬如，针对妇女、未成年人、农民工、贫困人口等特殊群体的法律法规和政策措施的制定实施过程，都是对这些群体的赋权，其目的是试图使他们享有真正的"国民待遇"。

对此，从权利角度准确地理解"赋权"概念与本章研究主题更贴切，研究内容指向作为权利赋予对象的港澳青年，探讨他们享有的权利是何以被赋予以及如何实现的过程。在某种程度上，他们获得的权利保障接近于享有内容完整意义上的公民权利。英国学者马歇尔将公民权利分为民事权利、政治权利、社会权利三种权利。[3] 雅诺斯基则将公民权利划分为民事权利、政治权利、社会权利和参与权利四种权利。[4] 但基本上，公民权利一般就包含民事权利、政治权利与社会权利三方面：从内容上看，民事权利包括公民的人身自由权、居住自由权、择业自由权及财产权等；政治权利是指法律规定公民享有的选举权、知情权、参与权、表达权、管理权、监督权；社会权利体现在义务教育、公共卫生、基

---

[1] 张剑源：《赋权与说和：当代中国法律对个体——家庭关系变迁的回应》，《思想战线》2018年第2期。
[2] 郑广怀：《伤残农民工：无法被赋权的群体》，《社会学研究》2005年第3期。
[3] ［英］T. H. 马歇尔等：《公民身份和社会阶级》，郭忠华、刘训练译，江苏人民出版社2007年版，第9页。
[4] ［美］托马斯·雅诺斯基：《公民与文明社会》，柯雄译，辽宁教育出版社2000年版，第262—263页。

本医疗服务、基本社会保障和公共就业服务等领域的权利,如受教育权、劳动权、平等就业权、社会保障权、福利待遇权。例如,在社会保障上,中国基本建立并逐步完善基本养老、基本医疗、失业、工伤、生育五项社会保险制度。根据研究主题,本章使用的"赋权"概念可以理解为保障港澳青年并推动其在粤港澳大湾区创新创业中的权利和权益维护的一种过程,通过制定实施相关法律政策确认保护港澳青年在粤港澳大湾区创新创业过程中享有的基本权利并构建与之相适应的权利实现机制,从而为港澳青年通往创业成功之路提供权利保障。

(二)另一路径:注重"能力提升"的"赋能"

"赋能"一词由西方英文原词"enable"或"enablement"译过来,不同学科对其内涵解释不尽相同。有研究将其理解为是"赋予能力"或"决策权力的去中心化",[1] 有研究则在组织管理中将其视作企业"自上而下上释放权力"以最大限度发挥员工的智慧和潜能,[2] 或在公共治理中是以特定管理方式和手段激发人的内部动力和能量。[3] 有学者较全面指出"赋能"并不是简单地赋予能力,而是"激发行动主体自身的能力实现既定目标,也可以理解为为行动主体实现目标提供一种新的方法、路径和可能性"。[4] 本章亦认为不能把"赋能"仅仅视作赋予能力或能量,而要注重赋能的过程机制,即注重提供提升和增强行动主体实践能力或效能的方法、路径、措施等。因此,这里的"赋能"概念是

---

[1] [美]斯坦利·麦克里斯特尔:《赋能:打造应对不确定性的敏捷团队》,中信出版社2017年版,第263页。

[2] 周朝林:《赋能型组织:未来组织不是管理,而是赋能》,中国纺织出版社2019年版。

[3] 姜晓萍、田昭:《授权赋能:党建引领城市社区治理的新样本》,《中共中央党校(国家行政学院)学报》2019年第5期。

[4] 关婷、薛澜、赵静:《技术赋能的治理创新:基于中国环境领域的实践案例》,《中国行政管理》2019年第4期。

强调在港澳青创扶持政策实施过程中，对港澳青年创业能力提升所赋予的必备条件或营造的政策环境，尤其在扶持政策不断健全完善过程中所制定实施的有力举措，譬如基础设施、创新创业大赛、技能培训、基金投入、创业补贴、个税减免，对港澳青年创客发展带来积极影响与效能增强。最明显的表现是港澳青年创业创新能力得到大大提升，初创企业及其产品项目逐渐生成活力与竞争力，展现出与众不同的亮点与特色。

为更好理解"权能双赋"是如何解释粤港澳大湾区港澳青创扶持政策的实施路径，本章使用 2019 年以来对港澳青创扶持政策跟踪分析所获取的数据资料，包括政府机构公开的政策法规、各大报刊的新闻报道，以及笔者在一些内地港澳青创基地进行调研访谈收集到的案例资料，以企为本研究提供丰富的、对焦性的经验支持，确保表述的准确性与真实性。

三 赋权：着重港澳青年创业的权利保障

香港、澳门特区长期实行"一国两制"，港澳居民享有的基本权利受到我国《宪法》和《香港基本法》《澳门基本法》的双重保障。然而，由于历史原因，以及三地法律制度存在的差异和现实具体的运作过程，港澳居民与外国人士、归国华侨等在内地处于一种"境外人士"的身份定位，使港澳居民在内地"不能实际享有作为宪法基本权利一般主体的内地中国公民所应享有的所有基本权利"，[①] 亦即港澳居民在"一国两制"下不能享有与内地居民同等且相对完整的公民权利。

为逐渐改变上述现状，2018 年国务院颁行《港澳台居民居住

---

① 黎沛文：《从居民到公民：香港人国家认同主体资格的建构》，载陈广汉、黎熙元主编《当代港澳研究》2018 年第 1 辑，社会科学文献出版社 2018 年版。

证申领发放办法》,规定"港澳居民居住证持有人在居住地依法享受劳动就业、参加社会保险、缴存提取和使用住房公积金的权利,以及政府提供的公共卫生、公共文化教育、义务教育、法律援助等基本公共服务,依规享受乘坐交通运输工具、办理金融业务、生育服务登记等政策便利"。实际上,这是围绕社会权利方面对跨境港澳居民的权利资格展开确认保障。以港澳青年为例,在内地创业的港澳青年只要符合身份和地域两个标准条件就能享受相关社会福利,但若在跨境福利仍未普及的情况下,港澳青年到大湾区创业既不能享受内地社会福利,也不能享受港澳特区的社会福利,到大湾区创业发展的意愿及兴趣可能会不断消减。因此,自粤港澳大湾区建设以来,针对跨境港澳居民围绕社会权利的资格确认制定相关的政策法规,在此过程中,使得跨境创业的港澳青年在内地获得确定的权利保障,有助他们融入内地生活并逐渐形成"大湾区人"的价值共识。

(一)社会福利权

港澳青年在大湾区享有社会福利权是其社会权利的重要内容,表现在通过提供各种公共基础设施、津贴、补助、社会服务来保障港澳青年在内地的生存与发展权利。珠三角九市实施对港澳青年创业支持的政策举措中都有规定实现港澳青年可同等享受所在城市居民的各项就业创业补贴政策,包括港澳青年与本地青年同等享受创业培训补贴、一次性创业资助、创业带动就业补贴、租金补贴、创业孵化补贴、初创企业经营者素质提升培训等各项就业创业扶持政策。在社会保险与养老保险上,广东建立粤港澳三地社保关系衔接机制,落实完善港澳居民养老保险措施,探索构建"社保卡"跨境通用管理机制。如珠海实施《关于推进粤港澳大湾区建设行动方案》,强调完善港澳人员在珠海的社会保险政策,探索允许在港澳参加当地相关社会保险并继续保留社会保险关系的港澳居民，持相关授权机构出具证明，申请免除在内地缴纳部分社保险种。在珠海居住的港澳人员执行与本地居民同样的城乡居民养老保险政策，并加强跨境社会保障衔接，试点开展城乡居民养老保险待遇领取资格。因而，保障包括港澳青年创客在内的港澳居民的社会福利权，将使港澳青创团队及成员安心"扎根"工作在大湾区。

（二）住房保障权

在粤港澳大湾区聚集的港澳青年创客对居住生活有较高需求，住房能否有保障是吸引作为"夹心层"的港澳青年进入大湾区创新创业的关键，因为这既能从生活成本上解决青年创客跨境工作面临成本高昂的居住问题，也能从心理上祛除港澳青年的漂泊感，建立"在家"创业的归属感。港澳青年的住房保障权体现在松绑置业权上，通过构建共有产权住房、公共租赁房、青年公寓、人才驿站以及相关配套的住房补贴或房租优惠在内的住房政策共同构成港澳青创住房体系。粤港澳大湾区建设领导小组推出"16条惠港措施"及"15条惠澳措施"，其中包括松绑"置业权"，即港澳青年在大湾区内地城市若需购房则不受居住及社保年限所限。广东省就采取措施支持符合条件的港澳青年租住人才住房及入住人才驿站，为港澳青年提供租房补贴，并探索多种方式支持具备能力及符合条件的港澳青年购买商品住房，尤其对入驻青创基地的港澳青年纳入到所在城市公租房保障范畴。广州南沙新区试点面向港澳青年申购的共有产权住房，允许其拥有房子的完整使用权。珠海实行"珠港澳创业青年公寓计划"，为粤港澳三地青年提供优质舒适的居住空间及生活配套，使港澳青年创客找到交流互动的连接点和创新创业的"落脚点"。珠海亦建有金湾"青年驿站"，对有住宿需求且符合条件的港澳青年创客提供公益性住宿服务。

（三）受教育权

受教育权涉及港澳青年内地就读及港澳青年子女在内地入读公办学校的权利。《粤港澳大湾区发展规划纲要》提出鼓励港澳青年到内地学校就读，对持港澳居民来往内地通行证在内地就读的学生，实行与内地学生相同的优惠政策，能够为有志在大湾区创业的港澳青年提供健全的内地教育服务。针对港澳青年子女就学问题，广州在实行支持港澳青年来穗发展的行动计划中，采取支持兴办港澳子弟学校的举措，开设港澳学生特色班并提供与港澳接轨的教育服务。越秀区试点设立全国首个公办性质的"港澳子弟班"，对港澳籍学生进行独立编班，探索融合教育的新模式，在课程教学、综合实践、课外活动等方面促进港澳学生与本地学生相互交流，协助港澳学生逐渐适应内地教育环境，推进粤港澳三地青少年融合发展。

（四）平等就业权

保障港澳青年在内地的平等就业权是促进港澳青年就业创业的前提，是加大力度吸引和留住港澳专业人才进入港澳青创团队的关键举措，可以为大湾区港澳创新型企业提供专业对口的人才资源。港澳特区的法律、会计、金融、建筑、医疗等专业服务相对发达，在大湾区推进粤港澳职业资格互认是重点内容。从2003年CEPA始，中央逐步推动粤港澳三地职业资格互认，让港澳专业人士进入内地执业。广东省全面取消台港澳人员在大陆（内地）就业许可，将在粤就业创业港澳人员纳入广东省就业创业扶持政策范围，同等享受各项就业创业扶持。深圳前海通过资格认可、合伙联营、港资工程项目试点等特殊机制安排，降低准入门槛，吸引香港会计师、注册税务师、房屋经理、园境、建筑测量等专业人士进入前海执业。广州市推动"四个出新出彩"的行动方案，探索建立粤港澳大湾区专业技术人才职称评价和职业资格互认工作机制，促进港澳专业技术人才在大湾区内便利执业和提供专业服务。

四 赋能：聚焦于港澳青年创业能力提升

粤港澳大湾区城市实施扶持政策对港澳青年创客群体的"赋能"，主要从建设港澳青创基地、举办创新创业大赛、组织培训交流、实施税收优惠、发放创业资助、协助融资募投、推动社会参与等途径开展工作，通过采取积极有效的措施以提升港澳青年创业能力。

（一）港澳青创基地建设

在珠三角九城市设立的港澳青创基地，是粤港澳大湾区推进港澳青年创新创业的支撑平台，也是粤港澳三地培育和发展创新型创业的重要载体。目前粤港澳大湾区珠三角九城市逐渐建立起一批实力较强的港澳青创基地，如深港青年双创基地、前海深港青年梦工场、南沙粤港澳青年创新工场、横琴港澳青年双创基地、东莞松山湖港澳青创基地、中山粤港澳青年创新创业合作平台、江门"侨梦苑"华侨华人创新产业聚集区、惠州仲恺港澳青年创业基地等，已经成为广大港澳青年创客群体的聚焦区，是他们创业创新的舞台。其中，前海深港青年梦工场、南沙粤港澳青年创新工场、横琴港澳青年双创基地是粤港澳大湾区城市着力打造的港澳青创基地示范点，着重向港澳青年提供发展空间、创业资助和配套服务，大力培育与引进港澳青年创业项目。

为更好推进港澳青创，港澳青创基地一般着力从五个方面展开系统化的保障工作：第一，基础设施建设便利化。完善基础设施是促进港澳青创的硬件保障,包括提供国际化硬件设施和一流配套服务,设置创业服务中心、创业园、多功能创新中心。第二,生活配套服务人性化。优质的生活配套服务能够免去港澳青年创客在衣食住行的"后顾之忧",比如开办港式餐厅、咖啡厅、青年公寓、人才驿站。第三,管理服务机构专业化。专业化的管理服务机构在于拥有一支热心于港澳青创事业的服务团队,是促进港澳青年初创企业健康成长的组织保障。服务团队具有集成化的服务能力,提供商事登记、财税代办、知识产权、资源链接、市场推广等创业服务。第四,合作平台服务贴身化。青创基地的合作平台来自境内外、经过基地严格筛选的创业孵化器,其综合功能涵盖能够为港澳创客提供推力的科研支撑、技术支持、投融资链接、品牌推广、创业辅导等服务。第五,专业法律服务一站式。港澳青年创客对两地法律的差异不能全然熟悉,青创基地创设的法律服务机构可为他们初创企业及个人维护合法权益提供专业的、公益的法律服务。

(二) 举办创新创业大赛

粤港澳大湾区城市为激发港澳青年创新热情和创业潜能,开展形式多样的创新创业大赛或技能竞赛,通过评比创业项目的合理性与效益性,为创业团队寻求专业指导,进而提高港澳青年创客的创新思维能力。针对港澳青年创客举办的创新创业大赛有四种类型:第一种类型,属于国家级或区域间的大型比赛。包括中国创新创业大赛港澳台赛、粤港澳大湾区青年创新创业大赛、"京津冀—粤港澳"青年创新创业大赛。第二种类型,是各城市举办的中型比赛。主要有澳中致远创新创业大赛、全澳青年创业创新大赛、"创客广东"中小企业创新创业大赛、深圳创新创业大赛、"青创杯"广州青年创新创业大赛、"赢在东莞"科技创新创业大赛、惠州市"天鹅杯"创新创业大赛、江门"乐业五邑"创业创新大赛。第三种类型，属区级政府举办的创业大赛。包括深圳前海粤港澳青年创新创业大赛、深圳宝安创新创业大赛（宝创赛）、深圳光明区创新创业大赛（光创赛）、广州番禺青蓝国际创新创业大赛、珠海高新区"菁牛汇"创新创业大赛。第四种类型，是针对特定主体的创新创业大赛，例如粤港澳高校学生。主要有针对港澳学生设立的粤港澳大湾区大学生创业大赛、深圳"逐梦杯"大学生创新创业大赛。参赛项目涵盖"互联网＋""人工智能""金融科技""生物医药""文化创意"等领域，重点考察港澳青年创客团队的创业意念、行销策略、执行计划、市场分析、风险评估及路演表现等。创新创业大赛为港澳青年创业的风采展示、技术交流、经验汲取、资源整合、投融资对接、项目孵化、成果转移转化等提供重要平台（见表4-1）。

表4-1　粤港澳大湾区各类创新创业大赛概览

大赛类型	举办单位	大赛内容
中国创新创业大赛港澳台赛	国家科技部火炬中心、广东省科技厅、广东省台湾事务办公室等联合主办	中国创新创业大赛港澳台赛（以下简称"港澳台赛"）是中国创新创业大赛向外延伸推广的重要独立赛事，根据各地市的产业发展方向，围绕湾区所需、地市所能进行布局，以"融合、创新、共享、成长"为主题，自2014年创设并落地广东至今已历5年，得到了两岸青年创业者的踊跃参与，逐步成为港澳台同胞加强与内地（大陆）双创交流发展桥梁和纽带。
粤港澳大湾区青年创新创业大赛	由广东团省委联合省教育厅、省科技厅、省人社厅、广州开发区等多部门主办	粤港澳大湾区年度最大的双创系列赛，大赛为期半年，设商工组和农业农村组，重点关注新一代信息技术、人工智能、生物制药、数字经济、特色农业、农村电商、休闲农业等产业，在粤港澳三地设分赛区，吸引优质项目和团队。每组都有创新类、初创类和成长类三类。大赛强化港澳元素的融入，紧密联合港澳当地在创新创业创投领域具有一定影响力的社会组织、面向粤港澳青年创业项目团队举办专项赛。通过粤港澳大湾区青年创新创业发展论坛、交流营、"靠埔"创客训练营等竞赛、展示、推介、交流、培训元素，促进粤港澳三地青年在创新创业领域的直接交流与合作。

第四章　权能双赋视角下港澳青创扶持政策的实施路径

续表

大赛类型	举办单位	大赛内容
"京津冀—粤港澳"青年创新创业大赛	由清华大学与中国高校创新创业教育联盟共同主办	大赛以"创享未来城市"为主题,围绕国家创新驱动发展战略,旨在服务"京津冀""粤港澳"等城市群的建设发展,以科技创新、管理创新、政策创新等方面为切入点,打造全国优质创新创业政策引导平台与项目共享平台,大赛内容涵盖先进制造、信息技术、现代农业、文化创意等多个领域。
澳中致远创新创业大赛	由澳中致远投资发展有限公司、澳门青年创业孵化中心及澳门科学技术协会联合主办	参赛项目涵盖互联网+、智慧城市、人工智能、低碳环保、保险科技、金融科技、大健康、教育、生物医药、新材料、文化创意等领域。综合考量参赛项目的创新性、可行性、盈利能力、市场竞争力及团队综合能力进行评分。大赛设置"火炬中心奖""大学生组奖""IEEAC奖""复星Protechting奖""阿里诸神之战奖"五个奖项。
全澳青年创业创新大赛	由经济局、教育暨青年局联同青年创业创新培育筹备委员会合办	"全澳青年创业创新大赛"立足澳门,对接粤港澳大湾区,关联葡语系国家,打造成为澳门知名创业创新品牌赛事之一,鼓励更多本地创业青年及青创企业参加比赛。决赛采取"3+3"演讲模式,即三分钟项目演讲和三分钟评委提问环节。
"创客广东"中小企业创新创业大赛	省工业和信息化厅、省财政厅拟联合举办	2019年"创客广东"中小企业创新创业大赛以"创客广东,匠心南粤"为主题,参赛项目领域包括:汽车、智能家电、机器人等先进制造业,新一代信息技术(含人工智能、工业互联网等)、生物医药、绿色低碳、数字经济(含大数据等)、新材料等战略性新兴产业。大赛分为企业组和创客组。凡入围复赛的参赛者在符合政策条件的基础上,将优先推荐参与省工业和信息化厅省级财政资金申请和相关资质认定,并将获得融资对接服务、产业对接服务、培训服务等跟踪服务。
中国深圳创新创业大赛	由深圳市人民政府、科技部火炬高技术产业开发中心及深圳市科技创新委员会联合主办	中国深圳创新创业大赛已成功举办十一届,大赛实施国、市、区三级赛事联动机制,是各区、前海管理局、高校举办的各预选赛的晋升通道。第十一届新设"港澳高校预选赛"。大赛分为电子信息、互联网和移动互联网、生物医药、先进制造、新能源及节能环保、新材料六个行业,分为企业组和团队组两类。
"青创杯"广州青年创新创业大赛	由团广州市委、广州市委统战部、广州市港澳办等主办	主办方建立"大赛+基地+资金+导师+培训"办赛模式,设立了青创服务大礼包,赛外开展创业巡讲、青创训练营、投融资对接会等活动,帮助港澳参赛青年来穗创新创业。参加"青创杯"港澳赛区的港澳创业青年,除有机会获得大赛丰厚的奖金和场地支持外,和内地青年一样将享受到主办方提供的青年创新创业人才"服务大礼包"。

续表

大赛类型	举办单位	大赛内容
"赢在东莞"科技创新创业大赛	由东莞市科技局、教育局、人社局等多部门主办	"赢在东莞"科技创新创业大赛已成功举办六届。大赛规模和内容一般分市内赛、大学生赛、国内赛、港澳台赛和国际赛5个专题赛事举办，其中市内赛根据企业注册成立时间，分初创组和成长组，按行业领域分组比赛；大学生赛、国内赛、港澳台赛和国际赛4个专题赛事不分组别也不分行业比赛。除了高额的赛事奖金外，获奖项目还能享受大赛支持单位提供的融资贷款、创业孵化、专利培训等多项优惠政策，参加各类技术、投资和专利等资源对接会。
惠州市"天鹅杯"创新创业大赛	市科技局联合团市委、仲恺高新区共同组织举办	"天鹅杯"创新创业大赛已举办三届。大赛参赛项目涉及行业领域分布广，包含电子信息、互联网、生物医药、先进制造、新材料、新能源及节能环保六大行业。大赛分为成长组、初创组。得奖团队除获得奖金支持外，亦可获得多元化服务，包括政策、投融资、股改、并购和上市等方面的辅导培训，并优先推荐给大赛合作投资基金和创业投资机构。
江门"乐业五邑"创业创新大赛	由江门市人社局、市委统战部等联合主办	大赛以促进创业项目、创投资本、创业政策、创业服务有效衔接为宗旨，致力于为有志创业者实现"创业梦"提供施展才华的舞台。大赛共设有院校学生创业赛、港澳青年风采赛、乡村产业创富赛、残疾人公益赛四个单项赛事，每个单项赛事分为企业组和团队组。所有组别均设有金、银、铜奖。征集创业创新项目涵盖电子信息、人工智能、三农/现代农业、文化创意等多个领域。决赛项目采用VCR简介+5分钟路演+5分钟现场答辩形式上演终极角逐。
深圳前海粤港澳青年创新创业大赛	前海管理局联合深圳市港澳办、深圳市委台办等部门共同举办	大赛已举办四届，第四届前海粤港澳青年创新创业大赛以"谁能撬动未来"为主题。大赛根据参赛团队属性分为企业成长组、初创团队组两组别，分别进行比赛。企业成长组面向具有创新能力和高成长潜力，主要从事科技创新、文化创意、金融创新、专业服务、生活服务等方面业务的中小微企业。初创团队组面向尚未注册成立企业的，拥有科技创新成果和创业计划的创业团队。
深圳宝安创新创业大赛（宝创赛）	由宝安区政府主办、区科技创新局承办	宝创赛已举办六届，大赛旨在激发宝安区创新活力和创造潜能，搭建科技、金融、产业深度融合的大赛平台。大赛分为电子信息、互联网、生物医药、先进制造、新能源及节能环保、新材料六个行业，并按企业组和团队组分别进行比赛。大赛分为报名、初选、初赛、行业赛及决赛五个阶段。为鼓励港澳青年到宝安创新创业，大赛新设最具潜力港澳项目奖。

第四章 权能双赋视角下港澳青创扶持政策的实施路径

续表

大赛类型	举办单位	大赛内容
深圳光明区创新创业大赛（光创赛）	由市科技创新委员会、光明区政府、光明区科技创新局主办	光创赛已举办三届，主要面向电子信息、互联网和移动互联网、生物医药、先进制造、新能源及节能环保、新材料六大新兴行业的新锐企业和创业团队。比赛建立光创赛特有的"奖金+政策+物质"一体化激励链，参赛企业最高可获得大赛奖金、落户补贴、创新创业资助等高额奖励。
广州番禺青蓝国际创新创业大赛	由番禺区政府主办	大赛立足湾区、连接高校，面向广大创业大学生、优秀准毕业生、青年教师、港澳台青年及海归人才，遴选优秀青年入选青蓝计划，为湾区青年创客提供展示交流、同台竞技、孵化成长的大舞台。本次青蓝大赛大力支持港澳台青年来穗创新创业，对优秀港澳台青年创业项目给予扶持倾斜，设置港澳台青年创新创业项目组，支持一定比例港澳台项目晋级。大赛除提供高额奖金外，获奖项目还可获得培训服务、场地提供、会展补贴、免费人才招聘、跟进投资等一系列大赛扶持。
珠海高新区"菁牛汇"创新创业大赛	由珠海（国家）高新技术产业开发区管委会主办	"菁牛汇"创新创业大赛经过五年发展，成为覆盖粤港澳、辐射海内外的品牌赛事。2019年以"智汇湾区 瞩目高新"为主题，旨在聚集和整合创新创业资源，搭建创新创业服务平台。大赛设"初创组"和"企业组"，项目涵盖软件和集成电路设计、移动互联网、人工智能、机器人、生物医药与医疗器械等多个领域。除奖金之外，获奖企业和初创项目还可获得风险投资、银行融资、政府计划支持、创业培训服务、免费孵化空间、行业对接等支持。
粤港澳大湾区大学生创业大赛	由广州市人社局主办、中国南方人才市场承办	大赛鼓励港澳青年来穗创新创业，特别设立港澳赛区，大赛组委会委托香港管理人才研究中心发动港澳公私立大学和科技院校的大学生报名参赛。大赛组委会组织穗港两地的专家评委对港澳赛区参赛项目进行网上评审，评选出优质项目参加港澳赛区初赛。
深圳"逐梦杯"大学生创新创业大赛	深圳市人力资源和社会保障局、深圳市教育局、共青团深圳市委员会决定联合主办	大赛已成功举办四届，旨在为有创业意愿的大学生搭建一个展示创新创业成果的平台，鼓励、支持并引导更多优秀大学生成功创业、实现梦想。为体现对港澳创业青年的扶持，本届大赛首次将港澳籍青年创业者纳入参赛范围。大赛提供创业导师指导、创业担保贷款、创业项目推介、创业融资对接等配套措施，注重对参赛者的精准扶持和政策的有效落地。

（三）开展培训交流

广东与香港、澳门两地通过考察团、企业实习、创业体验、训练营、培训班等形式的培训交流活动，深度开展合作以促进港澳青年创新创业。其一，组织交流团。譬如，组织港澳青年参与"探索大湾区"青年交流团、"青妍机遇"大湾区考察参访团、穗澳青年双创交流会、粤港澳青年研学交流活动、香港科创精英考察团、莞港青年"伙伴计划"及结对创业。这些交流活动提升港澳青年对内地了解的广度与深度，改变他们过往对内地形成的固化印象。其二，拓展实习计划。其中有粤港澳大湾区香港/澳门青年实习计划、港澳大学生暑期横琴实习计划、港澳青年学生南沙"百企千人"实习计划、前海港澳台青年实习（就业）服务等，专门设置符合港澳青年特点的实习岗位。其三，推行创业体验。澳门与广东联合推动"澳门青年湾区实习计划——创业体验"项目，组织澳门青年到大湾区青创基地和园区开展创业体验。香港实施"粤港澳大湾区香港青年创新创业体验资助计划"和"粤港澳大湾区创业资助计划"，资助有意向、有能力的香港青年到大湾区青创基地创业或进行创业体验。其四，开创训练营或培训班。粤港澳青年职业训练营、"海峡两岸暨港澳青年创新创业训练营"、港澳初创企业创始人素质能力提升培训班等，向港澳青年创客提供机会获得大湾区创新创业的支援和帮助，增进了解大湾区的发展动态，切实感受大湾区城市创新创业氛围，使港澳青年累积工作经验与创业知识，扩宽港澳青年创新创业空间。

以珠海菁创学院为例，其为港澳青年创业培训提供了很好的学习平台。珠海菁创学院的前身是珠海青年创业学院，是珠海团市委联合有关单位共同成立"菁创荟"平台的重点品牌活动之一，从这里涌现出许多具有核心技术能力或新颖商业模式并成功落户的青年创业团队和企业，其正逐步成为服务创业青年、链接创新资源、共建创意湾区的重要平台和纽带。2019年珠海菁创学院汇入了港澳元素，珠港澳青年菁英创业集训营也由此应运而生，结合市青联、市青企协及市海青会等团属社会资源，延伸服务，通过"双创"培育活动进一步推动珠港澳三地青年的创业合作，以打通粤港澳大湾区青年创业的"最后一公里"。珠海菁创学院为珠港澳青年创业者提供一条龙的创业课程及实训演练，在梳理商业构想、构建创业团队、获得创业资金、启动创业项目上提供全方位指导，让他们在与创业导师交流、接受指导的过程中，不断改进完善自身项目，使项目更符合当下社会环境及社会需求。例如，在2019年举办的珠港澳青年菁英创业集训营，就邀请了文创设计行业的资深人士作为文创设计集训营的创业导师与学员面对面进行项目交流，通过"一对一辅导""路演＋理论＋实操"的教学模式，帮助学员梳理创业构思，进行创意打磨，为他们提供全方位的创业指导。同时，为进一步加强珠港澳青年创业者的互动交流，珠海菁创学院也举办了"文创时代珠港澳融合发展机遇""跨境珠港澳·电商新时代"等主题沙龙，组织学员们外出实地参观走访乐士文化区、金嘉创意谷等产业园区的文创、跨境电商企业，将理论与实践有机结合。

（四）实施税惠资助及融资募投

港澳青年创业需要付出成本，充足资金是有效推进港澳青年创业的前提条件。但是，由于港澳创业青年群体自身资金积累较少，捉襟见肘的启动资金成为制约港澳青年初期创业的大问题。港澳青年初创公司大多是小微企业，融资渠道单一，资金链脆弱且缺乏融资经验，在市场竞争中处于相当不利的地位。大湾区各级政府实施相关税收优待政策，并为港澳青年初创企业发展提供多元化金融服务。

首先，是税收优惠。一方面，税收优惠体现于广东省小微企业普惠性税收减免政策覆盖至港澳青年初创企业，多项减税降费给初创企业带来红利，有助降低运营成本并提高港澳青年创业成功率。另一方面，体现于支持港澳青年创业的个税政策调整。由于实行"一国两制",粤港澳三地税收制度不同,个税形成较大差异。财政部、税务总局联合制定粤港澳大湾区个人所得税优惠政策,按内地与香港个人所得税税负差额,对在大湾区工作的境外(含港澳台)高端人才和紧缺人才给予补贴,即所谓"港人港税""澳人澳税",使港澳青年内地创业获得有力的政策支持。广东明确规定对在大湾区工作的境外高端人才和紧缺人才,在珠三角9市缴纳的个人所得税由所在城市给予财政补贴。深圳在推进建设中国特色社会主义先行示范区的行动方案中,为吸引更多港澳青年来深创业就业,探索实施与港澳趋同的税收制度。一些地方设立线下"一窗通""港澳青创税务驿站""税务青年助企团"以及线上"V-Tax""减税宝""税务通""国际汇税通"等自助办税平台软件,方便港澳青年咨询及办理涉税事项,通过提高便利性解决跨境办税成本高的问题。从效果上看,对港澳企业减税降费及实施"港人港税""澳人澳税"的个税改革,不仅能打破粤港澳大湾区人才流动壁垒、鼓励港澳人才到内地创业,更是赋能企业,有利企业在招揽、培养高端人才上加大投入,对广聚英才起到积极引导和推动作用,也将对港澳青年起到激励勤劳、鼓励劳动的正面效应,增强他们在大湾区创业的获得感与成就感。

其次,是创业资助。港澳创客享受的创业资助形式较多样,包含资金奖励、贷款贴息、住房补贴、场地租金补贴、物业管理费补贴、交通补贴、上市奖励、项目配套资助等。在广州进行支持港澳青年来穗发展的行动计划中,对获得香港青年发展基金、香港创新及科技基金企业支援计划、澳门青年创业援助计划资助的创业项目,按照特区政府的资助标准给予配套资助。佛山针对在粤港澳合作高端服务示范区创新创业的人才发放交通补贴,对符合条件的港澳创业青年的高铁费用给予定额及定期补贴。珠海为实现港澳青年的高质量就业创业,对在珠海创业的港澳青年实行租金补贴、创业资助、初创企业社保补贴、创业带动就业补贴等。横琴新区为港澳青年的初创企业从起步到发展提供资金支持，从减轻初创企业成本、扶持优秀项目发展、鼓励企业上市壮大三方面采取措施。前海安排1.5亿元财政资金用于支持港澳青年来前海发展，对港澳青年不同创业阶段企业给予不同程度资助，初创企业还可申请深圳市科技创新券或香港创新科技券计划资助，在香港联交所、上交所、深交所等上市的港澳青年创办企业将获得一次性奖励。

最后，是融资募投。融资募投可为港澳青年初创企业的发展造血供液，注入新的活力与动力。澳门推行"青年创业援助计划"，向澳门青年提供创业启动资金。香港设立香港青年发展基金、香港创新及科技基金、大湾区共同家园青年公益基金、香港青年创业教育基金，旨在资助香港青年在大湾区实习交流与就业创业等。广州发挥政府性基金引导作用，设立规模10亿元且覆盖创业各阶段的"港澳青年创业基金"，重点投资各类优质港澳青年创业项目，对港澳青年创业项目提供创业担保贷款及贴息支持。广州高新区启动规模达10亿元的"粤港澳大湾区青年创新创业基金"，为创新团队提供天使投资、股权投资、投后增值等覆盖各阶段的全生命周期服务。在跨境投资领域，南沙金控联手光大控股设立总规模100亿元的广州光控穗港澳青年创业股权投资基金，首期规模10亿元，支持港澳青年创业项目，促进南沙与港澳等地区深度合作，同时与国信证券共同设立首期规模10亿元的国信南沙新兴产业股权投资基金。粤港澳大湾区协同创新研究院与澳门国际投资协会拟设立南沙区首只粤澳合作QFLP基金，一期规模10亿元人民币，致力于投资南沙新一代信息技术、医疗健康、先进制造、基础设施等。

在深圳，前海科创投发起成立深港科创基金管理平台，引入规模达14亿元的深港合资基金，投资孵化人工智能、先进材料等香港优质创业项目。其中，首次引入两只深港合资基金，一只是规模大概 3 亿至 4 亿元的香港 X 基金，主要针对早期的科创企业，利用香港的科技原创力的优势，结合深圳以及珠三角的产业链优势，促进香港科创资源到前海以及大湾区发展；另一只是由前海科控公司与深港联投及东方富海联合发起的前海合资基金管理平台，基金规模为 10 亿元，将重点聚焦新一代信息技术、生命健康和智能制造领域的成长期项目，未来将通过发起设立创业投资基金形式，引导深港优质科创项目聚集前海加速发展。在珠海横琴新区，在 2017 年就出资 1 亿元设立首期天使投资基金，对符合申请条件的早期创业项目进行投资扶持。2019 年高新区还筹建设立 1 亿元的港澳青年创新创业基金，用于对港澳高端人才个人所得税、研发经费等给予补贴。此外，横琴金融投资集团打造"金谷汇"服务平台，用于解决港澳青创资金问题，通过引导基金、天使投资、融资租赁来扶持与培育产业，招募创新创业和新兴产业发展两类子基金，分别针对初创期、早中期创新型企业以及符合区重点发展领域的产业。在其他融资投资方面，例如中国建设银行建行协同联动境内外分支机构及子公司，联合社会资本发起设立湾区首只服务科创型企业的"粤港澳大湾区科技创新股权投资基金"，投资湾区科创企业股权。同时，中国建设银行还创新金融产品和服务模式，打造创业者港湾、5G 金融联合创新实验室、港澳青年创客空间、"创新马拉松"创新创业交流孵化平台，形成"金融＋科技＋产业＋教育"综合生态系统，并有针对性地推出服务大湾区青年创新创业的"金九条"，打造"创客宝"专属信息服务平台，提供"青创投贷联动"，让港澳青年获得更广泛的创业信息和融资渠道。此外，"中国青创板"向港澳优质项目投融资，并依托"中国青创板"为港澳创业项目提供融资服务，为青年初创企业提供孵化培育、登记托管、上板展示、投融资对接等综合金融服务。

（五）社会参与支持

《粤港澳大湾区发展规划纲要》强调"扩大社会参与"，而推进港澳青创事业发展就需要社会力量参与进来，以提供人力物力与智力支持。

第一，社会团体支持。澳门的青年企业家协会、中华总商会青年委员会、青年创业协会举办粤港澳大湾区创业创新系列活动如分享会、专题讲座、组织考察团。香港青年联会自筹资金推行"深圳创业服务试行计划"，建立服务香港青年创新创业方面的互动联系机制，为跨境青年创业提供"一站式"创业支持。在香港特区政府、香港中联办和各省市政府的支持下，从香港青年协会、香港青年协进会到香港义工联盟、香港菁英会，越来越多的社会力量投入于促进港澳青年到内地城市的交流活动中，例如采取冬令营、夏令营、参访座谈、短期实习和各类比赛等丰富形式，加深香港青年对内地发展趋势与创新环境的认识与了解。由香港青年民建联主办、香港善德基金会赞助项目"善德大湾区青年发展计划之青民大湾区青年发展机遇考察团"，分批组织香港青年到访粤港澳大湾区内9个内地城市，为港青带来与大湾区人才交流的机会。

在粤港澳大湾区内地城市，广州市青联、市青创中心、青企协联合香港、澳门、深圳等粤港澳大湾区集群城市的青年就业创业机构、社会组织共同成立"粤港澳大湾区青年创新创业联盟"，为港澳青年创业创建枢纽型服务平台。粤港澳大湾区青年创新创业联盟成立的宗旨在于进一步搭建粤港澳大湾区青年创新创业平台和纽带，增进大湾区青年创新创业交流分享、跨界合作，引导青创人才积极投身粤港澳大湾区建设。它的功能将是联合港澳地区青年团体、行业协会共同开展青年创新创业大赛、粤港澳大湾区青年创新创业人才榜样推选、"职得你来"国际人才招聘会活动等工作，建设集就业辅导、项目孵化、交流合作于一身的项目服务体系，聚合各类就业创业资源，发挥创新创业榜样的作用，团结社会各界力量支持穗港澳青年就业创业。同时，它将进一步提升广州地区现有港澳青年创新创业平台功能，充分发挥天河、黄埔、番禺、南沙等区现有创新创业平台作用，为港澳青年打造"产、学、研、用"贯通的创新创业服务阵地。

粤港澳大湾区企业家联盟则成立"粤港澳大湾区青年创业公共服务平台"，依托于粤港澳大湾区企业家联盟优质的企业家资源，立足于服务粤港澳青年，围绕粤港澳青年创新创业，搭建一个知名企业家与创业者深度对话交流、帮扶促进的平台，构建综合服务体系，精准服务青年创新创业。该平台将为粤港澳大湾区青年创业者免费提供融资对接、法律咨询、资源对接、创业辅导、经验分享、项目合作等多种服务，并开展"青年创业交流座谈会""创业者与知名企业家对话""湾区青年创业大讲堂""创业项目路演会""创业者名企参观"等多项活动，组织青年进行各类针对性的创业能力培训，助力提升粤港澳大湾区青年人才创业素质与专业知识，增强他们创新创业的实战能力。

第二，高校的智力支持。粤港澳三地高校众多，基础科研力量相对较强，可为港澳青年创业项目的研发提供智力支持，促进科技成果转化、商业化、产业化。

比如，广州大学城依托高校资源优势，集合政策、人才、平台、资本等创新创业资源要素，建设粤港澳大湾区青年人才双创小镇。大学城也举办创新创业系列品牌赛事，开展创业辅导孵化、项目路演、企业投融资对接等形式多样的双创活动，激发高校创新创业活力。针对港澳青年创业人才，在平台租金补贴、安居乐业工程、福利配套保障等方面给予政策支持，推动港澳青年创新创业项目落地。设置粤港澳大湾区服务专区，为创业团队和青年人才扎根大学城创新创业提供配套服务，营造良好的投资创业营商环境。目前广州大学城进驻粤港澳台企业及平台共67家,其中港澳台企业有24家,涵盖新一代信息技术、人工智能、生物医药、教育咨询、文化创意等领域。

当前香港知名高校陆续在粤港澳大湾区珠三角城市建立分校区,例如香港科技大学计划在广州南沙区建立分校,香港城市大学选址东莞市松山湖高新区,将是支持港澳青年创业的重要教育资源。此外,现时由香港科技大学牵头组织,澳门大学、中山大学、华南理工大学、广东工业大学、广州大学联合成立"粤港澳高校创新创业联盟",依托粤港澳(国际)青年创新工场,结合香港创意及珠三角工业优势,为粤港澳三地青年创业者提供创业课程教育、实训、商业辅导和融资等支持。粤港澳高校创新创业联盟具有多方面功能:建立具有国际特色的大学创新创业机制、运作模式及环境建设等,促进粤港澳三地大学生的校际交流;利用创新工场资源,开展以粤港澳三地及国际交流为特色的创新创业大赛、讲座、论坛、实训营等,为学生提供创新教育实践;建立"粤港澳(国际)大学生创新创业实践基地",为创业团队的研发提供商业辅导,为产业发展提供研发资源;将融合粤港澳三地资源,吸引国际资本,联合设立"国际大学生创业资金",以丰富粤港澳三地大学生创业的资金来源。

第三,社会人士的热心支持。由团广东省委发起的"粤港澳大湾区志愿服务联盟",搭建起一个粤港澳大湾区志愿公益团体国际合作网络和交流平台,借助志愿者服务力量帮助港澳青年更好地融入湾区发展。粤港澳大湾区志愿服务联盟将进一步丰富"志愿时长应用场景",将志愿服务与社会信用体系建设有机结合,立足志愿者尤其是粤港澳青年群体在教育服务、就业创业、社会保障等领域需求,出台相关的激励政策和优惠举措。粤港澳大湾区一些城市倡导成立"港澳青年创业导师团",邀请粤港澳热心公益事业人士、支持青年双创人士及创业成功且经验丰富的企业家、科技工作者、投资人、大学教师等组成导师团,共同承担辅导港澳青年创新创业的职责,开展港澳青年创新创业培训与教育,聚焦港澳青年人才的创新发展,服务港澳青年人才的创业需求。

五 小结

本章建构"权能双赋"的分析框架,是对粤港澳大湾区港澳青创扶持政策实施路径的经验考察和理论概括。它的理论意义在于,提出"赋权"与"赋能"是港澳青创扶持政策实施的双向进路,两者不可偏废,而且相辅相成。赋权是赋能的前提条件,能够为港澳青年创业能力提升营造有利的社会环境与条件,其出发点与落脚点是对港澳青年作为"国民"在粤港澳大湾区创业发展所必备的基本权利予以有力的法律保障。赋能,其目标是充分激发港澳青年的创新潜能与创业活力,为最大限度提升港澳青年创业能力及效能提供各种行之有效的方法或途径。基于此,赋能是对赋权的重要体现与深入发展,构成赋权的外在动力来源,促使大湾区各级政府制定与实施必要的政策法规,保障港澳青年创业的合法权益以及促动他们创造更多有益的价值成果。

从粤港澳大湾区建设的实践进程看,港澳青创扶持政策无论在赋权方面,还是在赋能方面,对港澳青年创业的促进发展仍是一种进行时,而港澳青创扶持政策的发展模式尚处于一种探索实践的阶段。在新时代新的形势下,仍需要立足在"权能双赋"视角上寻找有效扶持港澳青创的推进策略。

(一)赋权上要加强落实保障港澳青年创业权利的法律法规

在赋权方面,要健全完善保障港澳青年创业权利的法律法规体系,就要围绕以社会权利为中心、然后促进民事权利再到积极

第四章　权能双赋视角下港澳青创扶持政策的实施路径

发展政治权利来制定路线，推进策略上坚持"先易后难""点上突破"的原则。

首先，要不断扩充并落实与港澳青年相匹配的社会权利。以社会福利权、住房保障权、受教育权、平等就业权为基本内容，继续推进探索跨境创业就业的港澳青年享有与内地居民同等待遇的发展模式。粤港澳大湾区内地9城市先行先试，逐步完善针对港澳青年在内的港澳居民的跨境养老、跨境医疗、失业救助、工伤保险等社会保险制度，以及确保各级政府切实向港澳青年提供义务教育、公共卫生、公共文化教育等基本公共服务，以及依规享受乘坐交通运输工具、办理金融业务、生育服务登记等政策便利，提升大湾区对香港年轻人的拉力与吸引力。

其次，要推进以知识产权保护和商事纠纷解决为主的民事权利。民事权利涉及人身权利和财产权利，重点应加强保护港澳青年创客的知识产权以及商业纠纷解决机制。注重知识产权保护及奖励是促进港澳青年创新创业的内在需要，大湾区知识产权保护机构应完善对港澳青年知识产权的政策法规，保护港澳青年的创造发明、产品设计、创作成果以及在企业产品上使用的标志、名称、图像等成果，向港澳青年合法的维权行为提供法律援助，打击侵犯港澳青年专利权、著作权、商标权的违法行为。同时，对港澳青年创业团队或个人获得的发明创造给予相应奖励，符合条件的应享受知识产权质押融资补贴。商事纠纷解决机制是为港澳青创营造法治化营商环境的重要内容，要提升内地与港澳诉讼规则的互鉴对接，推动粤港澳仲裁规则深度对接，更新通行三地的仲裁通则，创新性设置三地适用的庭审模式，帮助内地港澳青年解决商业纠纷。

最后，要有序促进港澳青年在粤港澳大湾区创业发展享有政治权利。这体现在确保港澳青年在港澳青创扶持政策制定过程中的知情权、表达权、参与权。港澳青年创客是扶持政策的实施对象，他们有丰富的创业经历及问题意识，通过创建多种开放的参与渠道，吸引他们主动参与政策制定过程，既有利于他们熟知和了解港澳青创扶持政策信息，也有利于他们充分表达利益诉求和提出针对性意见建议，方便相关部门动态掌握相关需求信息，精准识别港澳青年创业面临的紧迫性问题，对扶持政策做出及时调整，使相关政策举措更"接地气"。

（二）赋能上寻找有效方法或途径激发港澳青年的创新意识与创业潜能

在赋能方面，仍需要做大量的工作来推进港澳青创事业发展，应重点在基地设施建设、信息传播宣传、金融服务体系、发挥市场机制、发动社会支持、加强心理咨询等方面继续展开工作，寻找有效的方法或途径来进一步激发港澳青年的创新意识与创业潜能。

第一，促进港澳青创基地服务供给与港澳青年创客需求相匹配。港澳青创基地是港澳青年创业活动的重要载体，要保证港澳青创基地保障机制的连贯性与适切性。为解决港澳青年创客的实际需求，港澳青创基地应制定一套健全合理、有机衔接的保障机制。以联系和服务港澳青年创客为目标，从细节着眼，整合和利用各种要素与资源，重点加强港澳青创基地在财税政策、平台服务、资源对接、公共服务、法律支援方面的政策供给，确保青创基地相关政策执行走向制度化、系统化、常态化，让港澳青年创客切实享受粤港澳大湾区建设带来的政策红利。

第二，提高港澳青年创客获取粤港澳大湾区政策的信息对称度。多途径、多渠道开展粤港澳大湾区创新创业的宣传攻势，加强粤港澳大湾区港澳青创政策的传播力度与范围。一方面，利用传统媒体、新兴媒体大力在港澳特区做好一系列粤港澳大湾区政策的宣传效应，包括条款宣传、福利宣传、优势宣传、榜样宣传、典型事例等。另一方面，在港澳两地设置专门展厅或咨询窗口提供综合讯息，在内地协调相关机构开设港澳青年创新创业"一站式"咨询服务专窗。同时，着重发挥两大群体的作用：既发挥内地港澳生的"传帮带"作用，也借助在港澳学习或工作的港澳内地生的地缘优势，发动他们普及宣传大湾区优惠政策的作用，提高港澳青年到粤港澳大湾区创业就业的意愿与渴望。

第三，健全完备针对港澳青创的金融服务支撑体系。充足的资金投入是促进港澳青创有效运转的血液，能够提升初创企业的存活率。加强港澳青创的金融服务能力需要健全完备的金融服务支撑体系，考虑建立政府投资引导基金、中小微企业发展基金、天使投资基金、港澳青年创新创业基金、青年发展公益基金等一揽子的创新型发展基金，为推动港澳青创事业发展奠定经济基础。有条件的大湾区城市应增加创投和私募的管理机构数量，适当扩大管理基金规模，为提高港澳青年创业项目存活率造血供液。

第四，重视发挥市场配置资源的基础性作用。根据市场的供求规律推动港澳青创团队和项目发展，建立多层次、多元化的孵化组织和行业生态，引入风险投资和私募基金培育港澳青年初创企业。促进港澳青年创新成果与市场需求紧密对接，设立创新成果转化中介机构，搭建各种商业平台帮助港澳青年将高新技术和科研产品落地发展与品牌推广，利用市场竞争机制实行优胜劣汰，提高港澳青年初创企业的竞争力与活力。

第五，充分调动社会力量参与支持。一是加大社会团体支持力度。加快利用粤港澳三地企业、商会、协会、同乡会等非政府组织力量组建粤港澳青年创新创业联盟，成立众多实力雄厚的青年发展基金或公益基金，为提升港澳青创项目技术含量和质量助力，使港澳青年创业建立具有竞争力的创新体系。二是善于利用高校资源。利用周边、省内乃至国内高校资源，不断开拓校企合作新思路、新形式，与内地各大高校及港澳高校"结对子"，开展深度合作与交流，为港澳青创提供智力来源。譬如，有条件、有需求的高校可到港澳青创基地建立工作站、人才驿站、实习培训基地、研究中心，共同合作开展相关领域的人才培养。三是利用各领域专业人士的有生力量。在大湾区各城市青创基地普及设立导师团，吸纳不同领域的知名创业人士充实导师团，向港澳青年传授创业经验或提供指引，扩大港澳青年创业的思想空间。

第六，建立健全心理辅助与咨询机制。创业是"九死一生"的事情，担心创业失败是港澳青年不愿意投入创业的关键因素，尤其对来自经济地位较低家庭的港澳青年而言，创业失败的后果难以承受。由于创业存在诸多风险与不确定性，如果港澳青年无法克服对创业失败的恐惧，将无法有力启动创业行为。因此，需要对港澳青年进行适当心理干预与咨询指导，设置心理热线，倾听他们创业的障碍与困难，提供有效的降压指引，排除港澳青年创客的忧虑，打破他们到大湾区创业的心理障碍与隔阂，将"家"的概念由香港、澳门延伸至大湾区各城市，增强他们到大湾区创业就业的信心。

第五章　以港澳青创基地为中心的港澳青创政策问题思考

《粤港澳大湾区发展规划纲要》实施一年来，粤港澳大湾区内地9城市全面掀起港澳青创基地建设热潮，势头良好且成效初显。港澳青创基地建设亟须理顺六个方面的关系问题：政治与经济的关系、数量与质量的关系、供给与需求的关系、中心与周边的关系、"内热"与"外冷"的关系、政府市场与企业的关系。同时，推进港澳青创基地建设，对于支持港澳融入国家发展大局、促进内地同港澳互利合作深具战略意义。随着大湾区内地港澳青创基地不断发展，港澳青年创新创业获得重要保障，但在建设过程中可能会产生五种不良倾向的发展趋势，包括盲目主义、功利主义、形式主义、泛化主义和多头主义。这五种不良倾向对港澳青年双创产生消极的影响，港澳青创基地建设需警惕防范上述不良倾向，并做出针对性的具体措施。

一　粤港澳大湾区港澳青创基地建设的阶段目标

为加快港澳青年创新创业基地建设，切实拓展港澳青年就业创业空间，优化港澳青年来粤创新创业环境，广东省人民政府专门制定《关于加强港澳青年创新创业基地建设的实施方案》。由此，港澳青年创新创业基地建设成为实施粤港澳大湾区建设重大战略的抓手，以企实施相关政策措施为港澳青年在内地学习、就业、创业、生活提供便利条件，吸引港澳青年进入粤港澳大湾区内地城市创新创业，为粤港澳大湾区发展提供新动能。

根据《关于加强港澳青年创新创业基地建设的实施方案》，将主要分两个阶段将基地打造成为粤港澳青年创新创业活力区、融合发展示范区、安居乐业试验田。[①]

第一个阶段：到2020年，在广州南沙、深圳前海、珠海横琴三个自贸片区打造南沙港澳青年创新创业基地、前海港澳青年创新创业基地和横琴港澳青年创新创业基地，充分发挥三个基地的引领示范作用，实现港澳青年进入基地创新创业的政策障碍基本消除，资金、信息、技术、服务等瓶颈问题得到解决，政策衔接和服务协同初步实现，粤港澳创新创业交流合作进一步深化，港澳青年入驻基地创新创业成为常态。

第二阶段：到2025年，广州南沙、深圳前海、珠海横琴港澳青年创新创业示范基地辐射带动效应进一步发挥，珠三角9市各建设至少一个港澳青年创新创业基地，以粤港澳大湾区（广东）创新创业孵化基地为龙头的"1+12+N"孵化平台载体布局基本建成，港澳青年创新创业的基础设施、制度保障、公共服务供给到位，粤港澳共同参与基地建设运营的体制机制基本建立，创新创业生态链进一步完善，港澳青年的国家认同感、文化归属感、生活幸福感得到全面提升。

广东省为此提出了多项主要任务及其措施：一是，构建全方位多层次政策支撑体系，如推进创新创业政策协同、打造港澳青年人才服务体系、建立多层次融资支持体系。二是，打造一批创新创业孵化平台载体，如优化平台载体规划布局，力争在2025年

[①] 参见《广东省人民政府印发关于加强港澳青年创新创业基地建设实施方案的通知》（粤府函〔2019〕122号），2019年5月8日。

前实现港澳青年创新创业孵化平台"1+12+N"的空间布局；加大平台载体建设资源投入；构建平台载体全链条服务体系；促进产学研一体。三是，营造宜居宜业的工作生活环境，如满足港澳青年多层次住房需求、提升公共服务便利化水平、加强生活配套服务。四是，建立粤港澳青年深度交流融合机制，如开展粤港澳三地青年交流行动、建设粤港澳三地双创资源对接平台、加大基地建设宣传力度。同时，珠三角9市根据广东省政府出台的实施方案制定了适合所在城市特点的具体工作方案，合力推进港澳青年创新创业基地建设。

二 港澳青创基地的建设模式及其基本标准

粤港澳大湾区城市推进港澳青创基地建设，有其特定的建设模式与建设标准，内容涉及青创基地的目标设置、规划布局、衡量标准等方面的指标设置。以广州市开展港澳台青年创新创业示范基地申报为例[1]，我们可以从中了解港澳青创基地建设有关的模式与标准。

（一）港澳青创基地的建设目标

广州是粤港澳大湾区区域发展的四大核心引擎城市之一，肩负着重要职能与发展任务，其战略定位是要充分发挥国家中心城市和综合性门户城市引领作用，全面增强国际商贸中心、综合交通枢纽功能，培育提升科技教育文化中心功能，着力建设国际大都市。在推动港澳青年创新创业之上，同样需要广州发挥比较优势做优做强，并增强对周边区域推动港澳青创发展的带动作用。

---

[1] 广州市人民政府外事办公室、广州市人民政府港澳事务办公室：《关于开展广州市港澳台青年创新创业示范基地申报的公告》，2019年10月21日，http://www.gzfao.gov.cn/gzfao/8.5/201910/da7f711125cf4e819ecd4aba63acb34d.shtml。

根据广东省《关于加强港澳青年创新创业基地建设的实施方案》以及广州市制订的《发挥广州国家中心城市优势作用支持港澳青年来穗发展行动计划》，广州市开展港澳台青年创新创业示范基地建设设置基地建设的基本目标，就是要全面提升广州市港澳台青年创新创业基地建设水平，打造出一批特色鲜明、富有活力、绩效显著的港澳台青年创新创业示范基地，并由这些标杆基地为港澳台青年创新创业提供最优服务、最实保障、最好环境。

（二）港澳基地建设的规划布局与建设模式

广州市全面开展港澳青创基地建设，要求在加强市级统筹指导、强化区级主建职责之上，以中新广州知识城、天河中央商务区、琶洲人工智能与数字经济试验区、广州大学城、广州南站商务区、南沙粤港澳全面合作示范区、增城"侨梦苑"、白云湖数字科技城等区域为重点，依托现有众创空间、科技企业孵化器、加速器和产业园区等，在3年之内打造10个市级港澳台青年创新创业示范基地，并在此基础上争创若干个省级示范基地，到2022年构建起港澳台青年创新创业"10＋N"空间布局，即10个港澳台青年创新创业市级示范基地以及N个社会化的港澳台青年创新创业孵化载体。以港澳青创基地建设为抓手，健全穗港澳台交流融合机制、完善政策协同支撑体系、优化公共服务供给、营造宜居生活环境，为广州率先建成内地一流的港澳台青年创新创业高地提供有力支撑。

广州港澳青创基地建设的模式，就是采取坚持"政府引导、市场运作、社会参与"的共建模式进行，政府负责做好策划引导、宣传推介、政策支持等工作，加强资金、人才等政策措施的实施力度，着力营造良好政务服务环境；各创新创业基地充分发挥市场主体作用，积极发现、引进、孵化港澳台青年创新创业团队和项目，提供专业化、优质化服务；引导穗港澳台各大高校、行业协会、风投机构、创业服务机构等支持港澳台青年创新创业，形成政府、市场、社会各司其职、共同发挥作用的整体合力。

（三）港澳青创基地的建设标准

广州市港澳青创基地建设制定了相对严格的评审标准，包括基本标准、加分标准以及复评标准。政府相关部门及工作人员根据这些标准对广州市内设立的港澳青创示范基地进行综合评审，一定程度上能够反映出港澳青创基地建设是有标准可循、有标准可依。

广州市设立港澳青创示范基地的基本标准有六个方面，涉及基地运营基础、优惠政策措施、创业场地空间、专业服务团队、交流活动情况以及港澳团队入驻数量这些内容。

1. 运营基础完善

港澳青创基地要求有扎实的运营基础，包括基地运营方应为广州市内注册的独立法人，具有完善的运营管理体系和孵化服务机制以及明确的发展方向和目标；基地在省、市、区科技企业孵化育成服务平台完成登记备案或基地属于人社部门认定的创业孵化示范基地，且经营状况良好，无税务、财政管理等方面不良记录；基地具备完整的孵化链条及优秀的孵化能力，与穗港澳台高校、科研院所、商会、协会、企业或境内外投融资机构等在平台建设、活动举办、项目引进、科技成果转移、人才培养以及金融服务等方面签订合作协议。

2. 优惠政策体系

港澳青创基地应有成体系的优惠政策，就是包括基地所在区制定出台针对港澳台青年创新创业特点、符合港澳台青年实际需求的扶持政策；基地能为入驻的港澳台青年初创企业提供免费注册地址、办公场地租金"半年全免、一年减半"以及免费互联网接入、公共软件、共享办公设施等配套服务优惠。

3. 场地空间充足

港澳青创基地能够提供充足的场地空间，包括基地的场地符合消防、环保、治安、卫生等方面的要求，可自主支配的场地使用面积不少于 1000 平方米，具有公共接待区、项目展示区、会议室和专业设备区等公共服务设施；基地通过政府统筹或企业自筹等方式，能为入驻的港澳台青年配套人才公寓租住；基地的场地产权清晰或租赁合同明确，保证基地持续、稳定运营。

4. 服务团队专业

港澳青创基地应建立起一支专业化的服务团队，要求基地拥有港澳台人士参与的专业运营管理和服务团队，专业孵化服务人员占机构总人数 50% 以上；基地具有集成化的服务能力，能够提供商事登记、财税代办、知识产权、资源链接、市场推广等创业服务；基地须具有投融资服务功能，通过设立或者签订合作协议等方式链接专业创投基金或孵化资金。

5. 交流活动丰富

港澳青创基地能够为港澳青年创客群体开展丰富的交流活动，要求基地能一年内举办不少于 10 场的港澳台青年创新创业培训、交流等活动；基地在一年内赴港澳台地区开展宣传推介、项目路演、成果展示等交流活动不少于 4 场；基地具有承接港澳台大学生交流、实习活动的专业能力和成功案例。

6. 创业项目入驻

港澳青创基地必须要有符合条件的港澳台青创项目入驻，提出的要求包括基地运营企业、入驻基地的港澳台青年创业团队要支持祖国和平统一，拥护"一国两制"方针，遵守国家法律法规，团队成员无违法犯罪记录；入驻基地的港澳台青年创业团队开发的项目（产品）必须合法合规、拥有自有知识产权、具备产业化潜力且无污染环境及危害公共安全或其他公共利益的行为或隐患；入驻基地的港澳台青年创业项目是指以港澳台青年为创始人的项目或以港澳台青年为控股股东,已在广州市行政区域商事登记并实际运营、产生营业收入的企业(含在一年内已孵化)。参加初评的基地港澳台青年创业项目数量须达 10 个以上,占入驻基地总企业数的 20% 以上。

由于每个港澳青创基地所在地区的区位条件、发展程度、产业布局不一样,每个基地有自身的发展特色与优势,对此也设定了加分标准,主要分为七个方面:一是基地获国家级众创空间、创新创业基地、科技企业孵化器认定;二是获广东省政府或香港、澳门特区政府有关部门授予"粤港青年创新创业基地"或"粤澳青年创新创业基地",或国务院台办"海峡两岸青年就业创业基地(示范点)";三是基地承办国家级及省、市、区级创新创业大赛(含港澳台赛区);四是基地孵化的港澳台青创项目获得市级及以上创新创业比赛奖项;五是基地成功孵化高新技术企业、"两高四新"企业;六是基地成功引进港澳台高端人才和紧缺人才,港澳台青年人数达到一定规模;七是基地承担市级及以上研究项目。同时,为推进港澳青创示范基地"能上能下""能进能出",也设定相关的复评标准,其要求参加复评的广州市级示范基地除依照基本标准、加分标准评定外,还须入驻港澳台青年创业项目每年新增 10 个以上;入驻港澳台青年对基地整体评价满意度达 95% 以上。

三 港澳青创基地建设亟须理顺六种关系问题

《粤港澳大湾区发展规划纲要》已经实施一年多,粤港澳三地鼓励港澳青年创业的落地政策日渐增多,尤其内地 9 城市全面兴起港澳青创基地建设热潮,积极培育与引进港澳青年创业项目,在财税政策、平台服务、资源对接、法律援助、基础设施等方面给予极大帮助,港澳青创势头良好且成效初显,粤港澳大湾区逐渐成为港澳青年创新创业的热土和成长成才的舞台。不过，从当前粤港澳大湾区港澳青创基地建设的整体情况看，亟须厘清政治与经济、数量与质量等方面的关系问题，更好推进港澳青年在粤港澳大湾区创新创业。

（一）当前港澳青创基地建设面临的六种关系问题

根据对粤港澳大湾区港澳青创基地报刊报道的跟踪分析及有关实地调研发现，当前港澳青创基地建设需要注意厘清理顺政治与经济、数量与质量、供给与需求、中心与周边、内热与外冷、政府市场与企业共六种关系问题。

第一种是政治与经济关系。推动港澳青年创新创业不仅具备支持港澳深度融入国家发展大局的经济意义，而且更具备提升港澳青年融入感、归属感与认同感以及维护港澳持续繁荣稳定的政治意义。但是，这需要地方政府不能把将港澳青创基地建设当作政治性任务或工作指标完成，或者是选择仓促上马孵化功能不全的港澳青创基地，也不能不计青创基地建设的投入与产出，从而忽略了青创基地的经济效益。这很有可能导致一些基地逐渐成为当地政府的"门面工程"，造成设施利用不当或资源浪费问题。

第二种是数量与质量关系。这需要防止一些地方在引进港澳青创基地的项目时，出现"要数量、不追求质量"的不良现象。这很可能导致一些青创基地建设者为评优争先，材料做得漂亮，但实质上是名不副实的。例如，可能会有一些基地将目标设定得很高，如港澳青创基地聚焦新一代信息技术、人工智能、5G和自动驾驶、数字文化、数字传媒等新兴产业，然而，在实践中引进港澳青创基地的项目团队，可能是更多聚集商品贸易、形象设计、文化创意等低端产业。或是，基地引进的创业项目大多集中于商务咨询、直播平台、商品贸易、食品制作等，科技含量较低。或是，可能为扩充项目人数，导致青创基地的目标人群失焦，例如一些青创基地进驻项目的人员年龄相对偏大,可能产生滥竽充数现象。

第三种是供给与需求关系。这种可能出现的现象表现为港澳青创基地建设的服务供给与港澳青年的需求意愿不相匹配。或是,运营团队力量薄弱、专业不对口,缺乏专业力量支持,不能对港澳青年团队提供专业化服务;或是,基地欠缺金融投资服务能力,不能满足初创企业的融资服务需求,可能导致初创企业缺乏孵化资金支持而不能持续存活。再者,一些基地的发展定位可能与所在区位的优势产业结合不够紧密,出现相背离的发展趋势,从而缺乏自身特色与亮点,导致港澳元素也不够凸显,最终可能不太会得到港澳青年创客的青睐。

第四种是中心与周边的关系。中心与周边的关系现状表现在两个方面:一方面,从港澳青创基地所在城市看,处在粤港澳大湾区中心位置的广州、深圳、珠海三大城市推进港澳青创的速度明显快于其他六大城市。广东省目前建有60多家港澳青创基地,其中广州市打造的港澳青创基地达28家,入驻项目200多个;深圳建有13家,几乎覆盖每个区,400多个项目正在孵化。然而,其他地市则维持在1—2家港澳青创基地。另一方面,从中心城市内部看,港澳青创基地建设也存在差距。譬如广州,一些区如白云、增城、黄埔等区的青创基地正在起步,而天河、南沙等区的港澳青创基地相对成熟。

第五种是"内热"与"外冷"关系。从港澳青年创业趋势看,内地港澳青创基地搞得相当火热,港澳两地青年愿意到大湾区创新创业则相对冷淡,"到大湾区创新创业"对港澳青年的吸引力较显不足,呈现"内热外冷"现象。尤其容易受政治、社会、文化等因素的影响,使港澳青年前往大湾区创业的意愿与趋向可能会产生一些不良影响。同时,港澳地区的一些实证调研发现,前往大湾区青创基地参观、学习、交流的港澳学生虽然很多,但真正愿意来大湾区就业创业的青年人数相对不多。此外，港澳青年创客在粤港澳大湾区的流动不确定性相当大，创业就业态势缺乏稳定性。

第六种是政府、市场与企业三者关系。如何确保政府、市场与企业发挥各自具备的功能定位，并促进三者良性互动，是粤港澳大湾区城市当前推进港澳青创基地建设的关键问题。目前要防止一些地方的负责部门及工作人员的行政性指导沿用"包揽包办"的思维方式，因为这将会致使一些港澳青创基地运营落入二难困境，即究竟是要"按照市场规则追求利润优先，还是完成政府部门的硬性任务优先"的发展困境。如果选择后者，将可能造成一些港澳青创基地不能正常按照市场规律进行运营发展，孵化企业的利润空间难以得到保证，使基地产生"等、靠、要"的思想。

（二）进一步理顺港澳青创基地建设的发展思路

为实现粤港澳大湾区发展规划纲要的宏伟目标，亟须理顺港澳青创基地建设上述面临的六个关系问题，从实践中查找不足，找到有效办法予以克服，推进港澳青创基地健康发展。对此，应着重从以下思路做出优化和改善。

1. 港澳青创基地建设要注重政治效应与经济效益的"两手抓"

一方面，既要深刻意识到推进港澳青创基地建设对支持港澳青年融入国家发展大局、提升他们的国家意识与爱国精神，以及维护港澳特区繁荣稳定深具战略性意义；另一方面，也要考虑基地经济效益的目标追求，需要规划好大湾区港澳青创基地建设的路线图，有效落实执行港澳青创基地建设实施方案以及相关配套措施，确保基地建设的政治效应与经济效益相得益彰。

2. 要明晰港澳青创基地的特色定位并正确利用内地与港澳两地的高校资源

首先，要利用所在区位优势与产业特色，明晰地方港澳青创基地建设的特色定位，有效吸引专业团队与产业项目。其次，要利用好周边、省内乃至国内高校资源，大力提升港澳青创基地实力。开创"校企合作"新思路、新办法，与内地各大高校及香港大学、香港理工大学、香港科技大学、香港中文大学、澳门大学、澳门科技大学等港澳高校"结对子"，展开深度合作，寻求智力、人力、物力支持。

3. 推进港澳青创基地建设要"控制总量，增色（特色）提质（质量）"

港澳青创基地建设评优争先固然重要，但是容易出现冒进跟风或虚报假报成绩的不良之风。因此，港澳青创基地建设应坚持数量与质量相结合，在港澳青创基地控制总量的过程中追求和提升质量，增强众多青创基地的特色优势。青创基地上马与扩容要推行严格的等级评审制度，实现优胜劣汰、能上能下，优中选优，做实做强做大一批港澳青创基地。

4. 要提升青创基地的科技创新质量，精准对焦服务目标人群

创业是"九死一生"的事情，并不是所有港澳青年都适合创业，应把资源优势、专业力量用于真正拥有科技含量的创业团队，才能获得效益，提升基地的科创质量。对不能创业、但愿意来大湾区发展的港澳青年应提供合适的就业岗位与能力提升途径。因而，粤港澳大湾区要顺利推进港澳青创发展，需要转变和开拓招才引才的思路，建立有效的人才吸引与扶持机制。也就是说，要正确区分就业与创业两大群体，健全落实青创基地针对港澳创新人才群体、就业人群的精准对焦服务机制。

5. 加强调研摸底以精确对接港澳创业青年的创业创新需求

通过多途径、多渠道、大范围地对港澳青年创新创业需求进行大调研，创建港澳创业青年的利益表达通道，注意倾听和传递港澳青年创客群体的心声，动态掌握分析他们的各种需求。同时，调动港澳青年创业者积极参与基地建设的政策制定过程，通过他

们的亲身经历提出具有针对性、客观性的政策举措，使相关政策更"接地气"，实现港澳青创基地服务供给与港澳青年创业需求相匹配。

6. 在粤港澳大湾区内地城市之间建立港澳青创基地大联盟

在发达与不发达城市的港澳青创基地建设之间建立科学有效的帮扶支持机制，发挥"先进城市带动后进城市，先进基地带动后进基地"，彼此之间进行优势互补、技术支持、资源支援，分享、传授成功有效的运营经验。尤其是，适当建立起先进基地对后进基地的咨询指导机制，先进基地负责人应确切承担起"顾问"作用。

7. 对港澳青年创客跨境流动建立登记管理制度及相关配套措施

由于港澳青年创客跨境流动较为频繁，且不确定性较大，有时很难查验，应适时建立港澳青年创客跨境流动去向的实时登记备案制度，以备统计核查。同时，一些基地是否真正运营起来，关键在于港澳青年创客能否"进得来、干得好、留得下、融得入"，必须建立健全相关配套措施。比如，若要让港澳青年"进得来"，就要使港澳青年享受本地青年同等创新创业政策待遇，如来粤港澳大湾区城市创业的港澳青年可与所在城市的青年同等享受创业培训补贴、一次性创业资助、创业带动就业补贴、租金补贴、创业孵化补贴、初创企业经营者素质提升培训等就业创业扶持政策。要让港澳青年"干得好"，就要为港澳青年创业构建多平台服务体系，如各类创业孵化基地开辟拓展专门面向港澳青年的创新创业空间，为入孵项目提供低成本与便捷化的经营办公空间、孵化器、加速器等共享设施。要让港澳青年"留下来"，就要支持符合条件的港澳青年低租金入住人才住房；对具备购房能力及符合购房条件的港澳青年，支持他们能够在所在城市购买商品住房；等等。要让港澳青年"融进来"，就要建立粤港澳青年深度交流融合机制，大力开展惠港澳三地青年交流活动，如青年论坛、座谈会、联谊会等。

8. 多途径多渠道加强港澳青创传播力度与范围以提高信息对称度

一方面，负责港澳青年创业事务的相关部门，可以利用传统媒体、新兴媒体大力在港澳特区做好典型人物创业成功的宣传效应。另一方面，相关部门亦可联合港澳有关负责机构，共同在港澳两地设置专门展厅或咨询窗口以提供粤港澳大湾区的综合讯息。在内地，相关部门则可协调相关机构开设港澳青年创新创业"一站式"咨询服务专窗，向有意愿在粤港澳大湾区创新发展的港澳青年讲解相关优惠政策；此外，相关部门要着重发挥两大群体的作用：既要发挥内地港澳生的"传帮带"作用，也要借助在港澳学习或工作的港澳内地生的地缘优势，发动他们普及宣传粤港澳大湾区优惠政策的作用，由此提高港澳青年到粤港澳大湾区创业的意愿与渴望。

9. 要处理好地方政府—孵化企业—港澳青年创客三者关系

政府、孵化企业、港澳青年创客是粤港澳大湾区推进港澳青创发展的重要行动主体，它们三者的互动关系对港澳青创事业至关重要。在实践当中，要正确认识地方政府、孵化企业、港澳青年创客三方行动者的行动目的与利益需求，构建有效的框架体系，为地方政府（工作绩效）—港澳青创基地（利润收益）—港澳青年创客（生存发展）完成各自的目标定位界定合适的活动空间。地方政府要扮演好扶持港澳青年创业创新的政策提供者和指导者的角色，不过多干预港澳青创基地或孵化企业的运营发展；孵化企业在积极发挥市场机制实现自身营利的目标下，要充分利用市场的力量帮助港澳青年初创企业发展壮大，能够更好为港澳青年寻找更多有利的市场发展空间；港澳青年创客要用足用好大湾区内地城市提供的优惠政策，熟悉内地市场与国外市场的规则与需求，在孵化企业提供的平台上善于发挥自身的聪明才智。

10. 港澳青创基地建设要为港澳青年创客健全完备的金融服务支撑体系

充足的资金投入与支持是港澳青创有效运转的血液。加强港澳青创基地金融服务能力需要健全完备的金融服务支撑体系，可考虑建立政府投资引导基金、中小微企业发展基金、天使投资基金、港澳青年创新创业基金、青年发展公益基金等一批创新型发展基金，有效推动港澳青年创新创业发展。有条件的大湾区城市应增加创投和私募的管理机构数量，适当扩大管理基金规模，为提升港澳青年创业项目的存活率和竞争力造血供液。

四　港澳青创基地建设要防范五种不良倾向

深入推进港澳青创是新时代党和国家建设粤港澳大湾区的重要举措，对支持港澳融入国家发展大局、促进内地同港澳互利合作具有重大的战略意义。当前大湾区内正兴起港澳青创基地建设热潮，引入港澳青创团队和项目如火如荼进行。在广东设立的港澳青创平台吸引创业团队达 360 多个，就业人员近 4000 人，分布于广州、深圳、珠海、佛山、惠州、东莞、中山、江门等城市。从成效看，港澳青创基地建设使港澳创客获得重要保障的同时，其过程中可能会有几种不良倾向显现，需要推进港澳青创建设者加以防范。

（一）港澳青创基地建设可能出现的五种不良倾向

根据对粤港澳三地报刊报道，对港澳青创基地多方面地实时跟踪与调查分析，在港澳青创基地建设过程中可能会出现或正在形成的几种不良倾向主要有五种。

第一种是盲目主义。该种倾向主要表现在港澳青创基地的建设脱离实际，没有根本遵循市场生产需要，造成基地建设出现跟风潮、一头热，出现供给过剩现象。一些地方在工业园、科技园、中心大厦等基础上建成的青创基地，有可能会偏离《粤港澳大湾区发展规划纲要》对特定城市的功能定位，出现以粤港澳大湾区名义装饰门面的行为，从而对港澳青年创新创业无法产生多大的吸引力。这种做法有可能会引起重复建设、资源错配或浪费、基地建设"烂尾"等不良后果。

第二种是功利主义。这种倾向体现为一些地方政府部门或工作人员可能出于政绩冲动或当作政治任务需要，冒进建设港澳青创基地，追求基地规模大、项目数量多，对扶持项目的市场需求和预期收益缺乏充分评估和重视，出现成功孵化率或成果转化率低下现象，如某基地入驻及孵化企业99家，成功孵化的却只有3家。同时，这种倾向也许会可能引发一些城市抢人才、挖团队、拼项目，例如一些地方就会动辄以几十万或上百万现金奖励来吸引港澳创新团队，这容易引发地方间无序竞争或恶性竞争。

第三种是形式主义。该种倾向的特征主要体现为港澳青创基地建设只是追求形式而忽略实质性内容，不注重港澳青创基地的内涵式发展。例如，一些青创基地要求青年创业者具有良好的职业道德和职业素质，符合规定的人才标准；项目入驻要求获得"孔雀计划"、中国创新创业大赛奖项等，或者拥有发明专利或计算机软件著作权等，这些形式化条件实际上有可能会把那些不符合要求但有发展潜力的项目排拒在外，导致创业团队及人才流失，不利于人才要素的跨境流动。

第四种是泛化主义。这种倾向就是不加考虑所在城市经济发展的功能特色和产业形态以及区位条件，不拘一格地从港澳地区引进各类项目，从而使港澳青创基地产生形形色色但创新能力低端或发展潜力不佳的港澳青年初创企业，如一些商务咨询、招聘、零售、皮包定制、视频录制、美容等项目，科技含量就较低。这可能会造成港澳青创基地形成"大杂烩式"的产业结构，影响港澳青创基地发挥整体功能，使青创基地的功能不能最大地发挥其效用，也将无法使青创基地具备产业集聚优势，出现青创基地团队及项目的创新质量不佳、技术含量不高的局面，使青创基地的竞争力逐渐下降，难以与其他地区青创基地发展形成合力。因此，这种倾向将导致青创基地创新活力不够、产业优势不突出，结果是缺乏发展后劲，产生的负面效应是难以估摸的。

第五种是多头主义。参与港澳青创工作既有党委职能部门和政府的财税、人力、商务、科技、工商、外事、司法等政府部门，以及共青团、工会、妇联等群众团体，呈现推进港澳青创建设"多管齐下"的现象。然而，有些部门的参与可能将港澳青创的发展方向带偏，例如会出现五花八门的创业比赛、训练营、体验考察等活动，不利于集中有效地发挥港澳青创的交流发展。也可能有这样的情况，就是一些地方推进港澳青创建设工作可能会"娱乐化""联谊化"，如只是简单地举办青年歌手比赛、绘画比赛、趣味定向越野或是纯观光旅游。其消极影响不仅未能为港澳创客提供专业化服务，而且会影响港澳青创的管理服务质量，最终难以对港澳青创工作给予实质性的支持。

（二）进一步推进港澳青创基地建设的建议

港澳青创基地建设如果要警惕防范上述几种不良倾向，就需要做长足规划与理性应对，为港澳青年参与国家建设搭好台、搭好梯。在实践中，可以着重从如下方面加以改进：

首先，强化港澳青年创新创业机构机制建设，协调规范党政部门参与基地建设。一方面，强化广东省港澳青年创新创业基地建设专项小组的协调整合作用，规范有关党政部门参与基地建设，对大湾区内港澳青创基地建设的整体规划进行科学有效的设计、指导，避免一些地方基地建设因过度政治化而忽略经济效益的做法。另一方面，在粤、港、澳政府之间专门设立大湾区港澳青年创业创新协调机构，共同推进三地港澳青创工作的沟通、联系与合作。重点加强港澳青创基地在财税政策、平台服务、资源对接、公共服务、基础设施等领域的政策供给，确保有关政策执行与落实走向制度化、系统化、常态化，让港澳青年创客切实享受粤港澳大湾区建设带来的政策红利。

其次，港澳青创基地建设要与规划纲要对特定城市的功能定位相一致。一些城市港澳青创基地建设可以借鉴日本东京湾区产业集聚"错位发展"的经验，应该因地制宜地采取应对措施，充分利用自身功能特色对青创基地进行差异化发展，优化引进港澳青年初创企业，大力支持企业做强做大，形成产业聚集效应和竞争优势，促进城市间港澳青创基地的错位互补和良性竞争。更重要的是，港澳青创基地建设要充分融合和发挥粤港澳三地的创新优势，瞄准高科技产业和新兴产业，推动"广深港澳科创走廊"建设，促进港澳青年更好对接国际国内创新资源，参与国际科技前沿合作与竞争。同时，也要强化大湾区内地城市负责港澳青创工作的职能机构的协调合作，完善城市间港澳创新团队和项目的推荐引介机制，将符合条件的港澳创新人才分流至适合的青创基地进驻发展，形成良好的分工合作格局。

再次，引进团队和项目注重创新质量与技术含量。粤港澳大湾区要比肩于国际一流湾区，关键就在于要不断创新，引进大量创新型人才，承载引进人才的载体与平台将是众多的港澳青创基地。因此，港澳青创基地引进港澳青创团队要着重考察其创新能力和创新思维。尽快建立港澳创新人才精准识别与项目筛选评估机制，以创新质量和技术含量为底线，坚持宁缺毋滥原则，杜绝不拘一格引进港澳创业人员和项目的做法。与此同时，也要加快利用粤港澳三地企业、非政府组织的力量组建粤港澳青年创新创业联盟，成立更多实力强劲的青年发展基金或公益基金，为提升港澳青创项目的技术含量和创新质量提供支援与服务，助力港澳青年初创企业建立更有竞争力的创新体系。

最后，要注重政府扶持与市场主体性作用相结合。一方面，政府扶持港澳青创应实行有限干预和选择性支持，而非大包大揽。政府制定政策除为港澳青创提供研发资助、税收优惠、廉租场地外，要注重发挥市场配置资源的基础性作用，根据市场供求规律推动港澳青创团队和项目发展，建立多层次、多元化的孵化组织和行业生态，引入风险投资和私募基金培育港澳青年初创企业，为集聚港澳创新人才提供动力。另一方面，促进港澳青年创新成果与市场需求紧密对接，设立创新成果转化中介机构，搭建各种商业平台帮助港澳青年将高新技术和科研产品落地、发展与推广，利用市场竞争机制实行优胜劣汰，提高港澳青年初创企业的存活率与竞争力。

五　小结

粤港澳大湾区城市推进港澳青创基地建设，若是按照以粤港澳大湾区（广东）创新创业孵化基地为龙头的"1 + 12 + N"孵化平台载体布局基本建成，未来将会为港澳青年创业者构建起全方位多层次的政策支撑体系，打造出一批创新创业孵化平台载体，营造好港澳青年宜居宜业的工作生活环境，并建立粤港澳青年深度交流融合机制，这必将吸引更多的粤港澳三地优秀青年集聚创新创业，越来越多的港澳青年也会跨境来到粤港澳大湾区城市创业发展，粤港澳大湾区必将会发展成为粤港澳三地青年人才创新创业的新高地。港澳青创基地应该举办更多的粤港澳大湾区青年创新创业发展论坛、交流营、训练班、创新创业大赛、展示会、推介会，促进港澳青年在内地创新创业领域进行交流合作，让更多港澳青年创客了解粤港澳大湾区的创业环境，提升港澳青年到粤港澳大湾区创新创业的信心与能力，推动粤港澳三地青年在创业设施、创新政策、人才资源等创业要素上实现共享共融，营造优质的粤港澳大湾区创业环境与氛围。因此，有志于创业的港澳青年需要适时抓住粤港澳大湾区建设提供的历史机遇，利用好粤港澳大湾区港澳青创基地提供的便利与服务，敢于创新创业，勇于迎接创业道路上的各种挑战，在港澳青创基地提供的平台之上实现创业梦想。

第六章　粤港澳大湾区港澳青创典型及其特征表现

时代在不断发展，每个人都是时代之轮前进的推动者，而青年是其中最富活力、最具创造性的群体。在粤港澳大湾区建设进程中，港澳青年是重要力量来源。根据粤港澳三地的报刊报道，通过收集和整理相关人物的创业故事，特意选出了在珠三角九市创业成功的30位港澳青年，简要讲述他们的创业经历，对他们这个创业群体的特征表现进行了概括分析。在未来，港澳青年应该在立足港澳、胸怀祖国、放眼世界之上，把握千载难逢的机遇，积极融入粤港澳大湾区建设中，发挥自身特长及激发创业潜能，用砥砺奋进、创新创业的实际经历在全球市场上讲好包括港澳青创在内的中国青年创业故事。

一　港澳青年创业与新时代粤港澳大湾区建设

创新是青春远航的动力，而创业是青春搏击的能量。推进港澳青年在粤港澳大湾区创新创业，将成为促进他们走向成功、实现人生理想的一条重要路径。当前港澳青年在粤港澳大湾区城市创新创业，来自不同行业、不同领域，不少已经茁壮成长为一批具有典型性的创业人物。他们顺应着时代的发展，抓住新的发展机遇，勇敢踏出在粤港澳大湾区寻找创业机会的第一步，自觉投身于粤港澳大湾区创业创新的实践当中去，利用粤港澳大湾区城市提供有利的环境与条件，充分发挥自身聪明才智，成为当前粤港澳大湾区创业创新领域中的佼佼者。新时代创业创新的社会潮流在他们身上得到十分明显的体现，是粤港澳大湾区创业创新实践的集中展现。他们既是粤港澳大湾区建设的见证者、亲历者，也是推进粤港澳大湾区建设的重要贡献者。在中国进入新时代的背景下，当代港澳青年赴粤港澳大湾区创业发展，其创业模式和创业路径也必然出现许多新特征与新表现，需要进行全面的概括总结。

在粤港澳大湾区创业创新过程中涌现的一批创业典型人物，他们不仅具有鲜明的时代特征，也充分展示了正确的人生观、世界观与价值观。在港澳青年创业事业中产生的众多典型人物，他们能够在新时代发挥出榜样的力量，形成持久不断的感召力和号召力，鼓舞和引导有志创业的港澳青年实现自我价值，敢于展现自身的聪明才干。同时，通过叙述他们在粤港澳大湾区建设过程中展现的创新精神和创业事迹，将为有意愿来粤港澳大湾区创业的广大港澳青年提供目标指引和努力方向。因此，本章会集中搜索新闻媒体对相关创业人物的持续报道与热度关注，从各个方面收集和整理相关人物的创业故事。在这里利用的数据资料主要来源于粤、港、澳三地的报刊报道，涵盖人民日报、南方日报、广州日报、南方都市报、中山日报、中国青年报、澳门日报、濠江日报、大公报、文汇报及其他地方报纸等主流媒体，以及大量的网络宣传材料。

二　港澳青年创业典型的简要情况

结合本章的研究主题，在此特意选出 30 位朝气蓬勃的港澳青年创业代表，从一些细节上呈现出他们的创业风采，以一小段总结性文字简绘他们的创业故事。他们都来自香港、澳门两地,选择进入粤港澳大湾区中适合自身的港澳青创基地,抓住粤港澳大湾区建设提供的政策优惠与创业机遇,建立了属于自己的创业团队及创业项目,正在奋力拼搏自己的事业。

(一)谢嘉荣——开发医院探视系统

祖籍中山石岐的澳门人谢嘉荣,2017年进驻中山美居产业园内的易创空间粤港澳青年创新创业示范性基地,成立羲和科技公司,其研发项目是医院探视系统,利用硬软件系统和现代化信息手段,对医院住院部的人流数据进行处理、加工等生成各种信息,从而为医院住院部的整体运行提供全面的、自动化的管理及服务。羲和科技和新加坡NEC公司、新加坡三大知名医院展开合作,该系统已在新加坡广泛应用。

(二)程锐聪——澳门杂货铺

澳门青年程锐聪,创办澳门杂货铺,属中山市惠致民科技有限公司。2017年,程锐聪和内地朋友共同创业,并入驻易创空间。澳门杂货铺建立了自营的电商购物服务商城,以买手模式引入产品,通过自建物流,打造澳门人购物的网上平台。企业正逐步走上正轨,通过采购内地质优价廉的商品,通过线上平台销售给澳门人,澳门杂货铺得到澳门大学生的青睐。该项目成为澳门地区唯一一家与澳门通(城市一卡通运营公司)以及中国银行完成线上支付协议签约的电商平台。杂货铺主要采购澳门居民生活所必需的各种物品——毛巾、牙刷、鞋柜、衣服、小家电等九大品类数千种商品。

(三)叶枝茂——讴业文化创业项目

中山市讴业文化传媒有限公司成立的讴业文化创业项目,由在香港恒生商学院攻读学士学位的 23 岁的叶枝茂创办，其兄叶枝根也是公司合伙人之一。讴业文化创业项目以影视制作为主体，业务包括创意广告、企业宣传片、微电影、抖音短视频、定制 MV、MG 动画等，并提供品牌包装、平面设计、运营策划等延伸服务。

（四）吴嘉惠——TIMETABLE 联合办公空间

香港青年吴嘉惠 2016 年从英国伦敦进修设计专业回来，把精品咖啡、阅览室、露台、健身房等共享空间与办公环境结合，创有港味的"联合办公空间"，招募入驻港澳项目。入驻 TIMETABLE 的港澳青年创业团队可享受 3 个月免租期等福利礼包，同时可享受工商注册等服务。TIMETABLE 已经吸引了微辣文化、ChargeSpot 等数个营收达千万级别的港澳青年企业入驻。

（五）梁智浩——珠海元登科技有限公司

澳门青年梁智浩 2012 年来到珠海，创立珠海元登科技有限公司，是一家专注于城市夜景环境规划、建筑照明光环境设计、绿色照明技术研发、照明设备及控制系统集成、节能改造、城市及道路照明工程专业总承包等产业链于一体，为客户提供照明工程一体化解决方案的系统服务商。目前梁智浩除要管理公司业务以外，还担任着珠海市青联副主席、珠澳青年交流促进会会长。

（六）陈庆峰——深圳市世竞体育文化有限公司

香港青年陈庆峰，早在英国求学时，就利用回国的机会，在电竞氛围相对成熟的上海投资创办 VTG 电竞俱乐部。2018 年底，将公司总部迁到深圳市龙岗区。目前公司业务涵盖电竞赛事、电竞俱乐部、直播经纪三大板块，并在上海、武汉设有分公司，在电竞行业领域建立了一条相对完善的多元化多生态业务体系。

（七）陈贤翰——广州壹品空间建筑设计有限公司

香港青年创业者、建筑师陈贤翰，2012 年从香港中文大学毕业，随后在香港开设了一家建筑设计工作室。2018 年，陈贤翰在广州创立第一家内地分公司——广州壹品空间建筑设计有限公司。其当前担任天河区港澳青年之家担任副主任，利用自己的实战经验和亲身体验，以青年之家为平台，在一年之内开办 5 个港澳青年创业基地、2 个青年公寓，成功吸引 700 多个会员在广州发展，孵化 100 多家港澳青年企业在广州注册并落户发展。

（八）章小健——广州数商云网络科技有限公司

章小健，生于广东省汕尾市，9 岁时随父母搬到香港。广州数商云网络科技有限公司创始人，数商云已发展到 140 人的团队，服务客户包括方圆地产、香江家居、链家、中国移动、汇美集团、茵曼、玛氏箭牌等，涵盖地产、金融、服装、电商、零售等领域。随着共享经济的掀起，他成立共享充电宝品牌 charge spot 项目，把内地市场的共享充电宝理念带到香港，并一步步扩张到日本、中国台湾、泰国等地区，下一步还将开设欧美市场。

（九）蔡渊博——开发线上平台"发现澳门"

蔡渊博从澳门大学毕业，创办先皓科技公司，主要为澳门的政府、企业、社团组织及个人用户，定做呼叫中心、政务系统等各类信息系统解决方案。蔡渊博创办的企业入驻横琴·澳门青年创业谷，在 2018 年其开发的新项目是深度游线上平台"发现澳门"，该平台已获得了十几万用户，其中 70% 来自珠三角各地，30% 来自港澳台地区。通过这个项目，蔡渊博希望成为澳门与内地线上文化交流的"摆渡人"。

（十）周运贤——横琴跨境说网络科技公司

澳门青年周运贤，是横琴跨境说网络科技公司的首席执行官，其创办的"跨境说"是横琴创业园区内小有名气的互联网企业。"跨境说"不但为葡萄牙、巴西等国家市场提供服务，还在2018年成为佛得角的国家数字经贸平台授权运营商。在珠海横琴有关部门支持下，该公司在横琴建设有40亩跨境电商产业园培训基地。

（十一）叶正乔——广州几何马奇设计有限公司

香港青年创业者叶正乔，创办的广州几何马奇设计有限公司，最初从做项目设计开始，并把公司注册落户天河，涵盖高端少儿教育、艺术展览策划、潮牌服饰、咖啡甜品等多个领域。目前投入智能宠物平台的开发，可以提供宠物商城、线下服务、宠物主社交以及宠物教育等，平台通过抽佣等形式实现盈利。

（十二）杨晓欣——木启商务咨询公司

从香港到广州工作十余年的杨晓欣，毕业于中山大学，曾在普华永道会计师事务所任职，后辞职与好友合伙创办木启商务咨询有限公司，成为这家商务咨询公司的合伙创始人。木启商务咨询公司主要为初创企业、筹备IPO企业和境外上市公司提供企业架构建议、企业价值评估等咨询服务，同时为政府机构和企业提供培训课程业务。如今，其发展成为港人解读内地工商财税等政策和便利措施的"知名专家"，还担任天河港澳青年之家综合服务部副部长。为使来大湾区就业创业的港澳人士了解粤港澳大湾区财税政策，该公司上线面向港澳人士的个税计算小程序"知微"，以创新的方式提供线上轻咨询服务。

（十三）姚刚——微蜂创联公司创始人

姚刚，微蜂创联公司创始人兼 CEO，与其团队中的三位联合创始人均来自香港理工大学。微蜂创联研发的航空器视频全息投影系统，能够把屏幕"搬"到天空，适用于空中灯光表演、广告营销，甚至星空舞台剧表演。这个项目是利用无人航空器、超宽带无线通信定位技术优化飞行编队，利用群体人工智能算法与先进 LED 激光投影技术结合，支持新形态的文艺创作。

（十四）赵紫州——微埃智能创始人

赵紫州，是微埃智能创始人，其选择在前海创业，因为所在团队的人工智能项目在前海创新大赛中拿到第二名，前海管理局给予一笔启动资金，免费提供办公室和人才住房。微埃智能是一家 AI + 智能制造的硬科技创业企业，团队研发用于焊接机器人的"手眼"系统，通过机器视觉、运动控制、焊接参数控制等功能模块，赋予机械臂视觉能力，并与机械手配合作业，在高危焊接场景实现机器替代。

（十五）雷震——纳新科技

澳门创业青年雷震，与他的纳新科技潜心数年研发了柔性透明导电材料。2015 年，雷震与合作人在珠海创立纳新科技，选择纳米银线的研发和创业方向，成功研发出既透明又导电，且耐弯折的柔性透明导电材料和印刷电子工艺，打破国外对核心材料和工艺的垄断。同时，其创业团队也在澳门注册成立澳门纳新科技，办公地点设在澳门青年创业孵化中心。

（十六）王赋源——金刚迷你仓

香港青年王赋源，是"金刚迷你仓"联合创始人。王赋源和朋友合伙创业——把香港的"迷你仓"模式引入广州，与内地的物联网等技术结合，推出智能化"迷你仓"，在广州进行智能共享仓库的创业项目。"迷你仓"通过一个个小柜子上面的微信二维码，可实现实时数据管理、远距离实时监控等功能。

（十七）周振滔——香港拜奥雅德科技

周振滔创办的香港拜奥雅德科技，主要从事 3D 生物打印，生产制造 3D 肿瘤模型供给医院。通过香港科技园推出的创客计划，公司成功对接东莞市政府，落户成立东莞分公司。目前周振滔的团队正在粤港澳大湾区积极拓宽业务。除了与东莞、广州等医院达成合作之外，还与广州、澳门一些高校实验室开展科研联合申报。

（十八）叶兴华——工合空间

叶兴华是香港青年在佛山的代言人，2015 年曾到深圳进入创投行业，2017 年来到佛山南海创办工合空间。工合空间位于佛山南海三山科创中心，一个致力于为港澳青年提供创业服务的平台，通过与湾区内外政企、机构和院校的密切合作，为创业者对接丰富的创业资源、信息和服务，帮助港澳企业迅速落户内地，推动内地企业进入国际市场，促进粤港澳创新创业深化合作。

（十九）李嘉俊——红点子创作（香港）有限公司

香港青年李嘉俊，搭上粤港澳大湾区文化发展的快车，先后在东莞、广州番禺等地设立工作室，让虚拟主播、IP 创作改编等文化项目落地发芽。红点子创作公司采用"香港创作＋广州开发"的运作模式，结合香港内容生产和广州 VR/AR 产业崛起的优势，利用湾区 9＋2 城市的互补优势为文创产业带来新优势。李嘉俊及众多优秀港青于 2019 年 1 月成立"粤港澳大湾区文创科技联盟"，以文创和科技结合作为目标方向,从就读、就业、创业到置业等方面为前往大湾区创业的港澳青年提供支援,帮助他们的理念孵化落地。

(二十) 区敏愉——奇绩集团(香港)有限公司

区敏愉是奇绩集团(香港)有限公司董事长。奇绩集团由最初的美发小店发展到在江门、深圳、中山等地开设有近50家连锁店的大集团。同时,奇绩集团为江门提供超过2000个就业岗位。如今的奇绩集团除了拥有奇绩美发、奇绩美容、美肌工坊等品牌外,还有老广新意、第一城渔村和云尼咖啡等餐饮品牌,还有战略投资品牌咨询服务公司——粤新意品牌策划。

(二十一) 何耀威——深圳舒糖讯息科技

香港青年何耀威,是舒糖讯息科技(深圳)有限公司创始人。其舒糖讯息科技是一家在粤港澳青年创新创业工场(福田)的香港企业。舒糖讯息科技有限公司从2015年在深圳成立后,公司一直致力于研究无创监测血糖的方式,将无创血糖监测方式与穿戴式智能手表相结合,可以连续监测身体一些指标的变化,将家庭检测变得更加简便化,产品能服务于中国大部分的糖尿病和心脑血管病患者。

(二十二) 黄俊琅——南区国际青年科创谷

黄俊琅,是一名土生土长的香港90后,2014年毕业于香港理工大学社会政策及行政专业。在中山打造南区国际青年科创谷,担任营运总监。中山市南区国际青年科创谷首期面积达2400平方米,配备了392个办公位置、23个独立办公室及1300平方米的共享办公空间,主要围绕工业设计、智能制造、文化创意、大数据等科技产业,进行孵化和加速创业。

（二十三）霍大业——墨水教育科技（东莞）有限公司

霍大业毕业于香港大学，辅修电脑咨询科技，拥有 15 年香港教育行业软件定制开发经验，是墨水教育科技（东莞）有限公司（以下简称墨水公司）的创始人。2017 年初，霍大业和创业伙伴将香港的研发部门转移到东莞，将销售部门留在香港，形成了东莞研发、香港销售的格局。2019 年 5 月墨水公司进驻东莞松山湖人才大厦 8 楼的松山湖港澳青年创新创业基地。

（二十四）李德豪——第二代智慧杆项目

李德豪，是香港大学电子及电机工程学系博士，其进驻佛山工合空间的新项目是第二代智慧杆项目。李德豪的团队跟深圳市智慧杆产业促进会签署合作协议，通过研发第二代智慧杆，共同推进智慧城市的普及。第二代智慧杆加入简单化的热插模块，研究人员只需通过 3D 打印模块，租用新一代智慧杆的插槽就可通过智慧杆进行数据收集。

（二十五）郭美欣——叁岸艺术空间

郭美欣，是广东佛山叁岸艺术空间创始人。叁岸艺术空间是一个包含产品研发、销售、培训、非遗培育、研学、艺术展、品牌策划七大板块的艺术美学空间，入驻佛山融爱妇女创业创新基地，2019 年带着项目"叁岸艺术空间"登上中央电视台节目《创业英雄汇》舞台上，其创业项目获得《创业英雄汇》八名投资人一致认可，项目被估值 6000 万元。

（二十六）李泽湘——松山湖国际机器人产业基地

香港科技大学教授李泽湘在莞参与发起成立松山湖国际机器人产业基地，探索出一条独具特色的机器人创新创业孵化之路，其中 27 家创业团队成功孵化成公司，总产值超过 19 亿元。2018 年 9 月，松山湖国际机器人产业项目正式动工，能容纳 100 多个创业项目的基地。该基地还携手东莞理工学院、广东工业大学和香港科技大学，四方合作共建粤港机器人学院，重点培养机器人和高端装备技术方面的工程师和领军人才。

（二十七）陈智敏——信明专业国际资历发展顾问（中国）有限公司

陈智敏，是信明专业国际资历发展顾问（中国）有限公司的行政总裁。他的身份标签，除了创业者，还有专业工程师、英国法律硕士及广东青联和广州科协的委员。其创办的企业，入驻天河港澳青年之家。公司业务主要为专业人士提供国际资质认证的咨询、培训、认证和模拟考核的服务，同时协助香港企业聘请内地的工程师。

（二十八）陈贤帅——佛山市安齿生物科技有限公司

陈贤帅，在香港中文大学获得硕士和博士学位后，于 2012 年进入广州中科院，在工作期间其带领团队研发的牙科种植体屡获创业大奖，2015 年辞职到佛山创业。陈贤帅团队在全球首创 3D 打印个性化种植体，在香港拥有 100 多个成功案例。佛山市安齿生物科技有限公司逐渐成为口腔修复领域的"独角兽"企业，先后获得四轮融资，成为港青佛山创业的典范。他的团队被评为"佛山市科技创新创业团队·世界一流水平团队"，获得市、区、镇（街）创业扶持资金 2000 万元。

（二十九）黄谦邦——天域孵化器

香港青年黄谦邦，从英国剑桥大学留学回来，选择在惠州仲恺高新区投资打造天域孵化器开园，由港资企业惠州市天域投资管理有限公司投资运营成为惠州首个港资孵化器，其能够为创业者和企业提供集创业培训、创业指导、创业融资、创业孵化于一体的创业服务平台。目前，该孵化器已经有十几家企业和创业者入驻，包括人工智能、检验测试、移动新能源等项目。天域孵化器将依托省市产业优势，发挥仲恺高新区科技创业服务体系作用，努力打造为立足惠州、面向广东、辐射全国、联动国际的一流新型创业孵化器。

（三十）罗伟特、梁立锋与谭慧敏——"鱼菜共生"项目

来自香港的三位青年罗伟特、梁立锋、谭慧敏，分别毕业于香港中文大学、香港理工大学、香港树仁大学，他们三人同是香岛中学的同学。他们的鱼菜共生技术是通过工厂化循环水养殖鱼类，获取富营养的水体，该水体再经过滤、生物分解、营养调控、酸碱调控、杀菌等水处理步骤后，用于蔬菜种植。而气雾栽培是一种新型的无土栽培技术，将植物的根系悬吊于空气中，并利用喷雾装置将雾化的营养液直接喷射到植物根系上，以提供植物生长所需的水分和养分。2016年三个香港"90后"青年为了实践"鱼菜共生"项目来到开平市苍城镇的江门市现代农业综合示范基地，由基地免费提供400平方米大棚，并申请5万元的"市长机动资金"进行创业。三人分工很明确，谭慧敏养鱼，罗伟特种菜，"理工男"梁立锋研发、设计水循环系统。2019年他们正式成立广东天菜农业有限公司（下称"广东天菜"），运营"鱼菜共生"项目，在粤港澳线上线下销售有机蔬菜。技术上，罗伟特团队已申请国家发明专利4项，国家实用新型专利3项，另有21项国家发明专利正在申请。资金上，2017年获得香港天使投资基金承诺分期投资1200万港元。2019年3月，团队获得江门市"创建国家农业科技园区"资金资助6.8万元，用以开展鱼菜共生与气雾栽培应用试验。"鱼菜共生"项目获2019年第六届"创青春"中国青年创新创业大赛全国赛农业农村组金奖，成为广东省2个获金奖项目之一。

三　港澳青年创业群体的特征表现

上述30位创业典型的创业经历介绍，虽然全部是基于各大报刊的报道材料中筛选整理出来，未能对这些创业人物进行面对面的访谈而深入挖掘他们的创业故事，但是，从目前掌握的资料来看，还是可以在这略为分析在粤港澳大湾区城市进行创业创新的港澳青年的特征表现。大致表现在如下方面：

其一，港澳青年创业群体体现的共同性特征。港澳青年创业者大多是出生于香港、澳门，在香港、澳门两地接受过良好的高等教育，掌握专业的知识技能。当中有相当一部分港澳青年创客的祖籍就来自广东，在内地具有一定的亲属关系，熟悉内地的风土人情。这些创业者普遍拥有内地经历，或是曾就读于内地高校，或是曾在珠三角城市有过就业经历，或是随港澳特区政府组织的交流考察团到过粤港澳大湾区珠三角城市考察调研，熟悉内地经济社会发展状况，与内地的交往交流越来越紧密，对粤港澳大湾区建设相关政策有一定程度的知悉和掌握，了解内地市场的发展需求与特点，对粤港澳大湾区建设的发展前景有所期待，愿意"北上"粤港澳大湾区珠三角城市进行创业和生活。

其二，港澳青年创业项目分布较广泛。目前来看，港澳青年创业的创业项目较为广泛，可以分三种类型：第一种是创办向港澳青年提供创业服务的综合平台、孵化器企业或培训基地，招募引进港澳青年到目标城市创业，为港澳青年提供创业相关服务，在推进港澳青创过程中扮演着咨询者、联系者、引导者的角色，例如工合空间、TIMETABLE联合办公空间、南区国际青年科创谷等。第二种是研发科技含量高的产品，建立科研团队创办科技公司。这些青年创客大都是理工科出身，注重产品研发，拥有属于自己的研究团队，以人工智能、生物医学、新一代互联网技术、高端医学设备，如医院探视系统、航空器视频全息投影系统、"手眼"系统、柔性透明导电材料、3D生物打印、无创监测血糖、第二代智慧杆等项目。第三种是连通粤港澳三地的服务行业。这些创业群体集中于现代服务业发展，为粤港澳三地居民提供便利便捷的生活、工作服务，例如金刚迷你仓、商务咨询、项目设计、深度游线上平台"发现澳门"、澳门杂货铺等项目。

其三，港澳青年初创企业或项目一般能够获得资金资助。港澳青年创客遍布在广州、深圳、珠海、佛山、中山、东莞、江门、惠州、肇庆等城市，这些城市都设立了相关资金资助政策，符合条件的港澳创业者都可以纳入到所在城市的资金资助的扶持范围，例如创业培训补贴、一次性创业资助、创业带动就业补贴，为这些港澳青年创客来粤港澳大湾区城市创业发展提供了资金保障支持。同时，一些港澳青年创业团队也获得了特定的发展基金会、天使投资、科创基金的青睐与支持，或是得到对自身优质创业项目的重点投资，或是得到创业担保贷款及贴息支持，大大增强了港澳青年企业的发展力量，缓解了初创企业的资金压力，为港澳青创事业发展奠定了坚实的经济基础。

其四，根据企业发展需要能够建立一支志趣相投的创业团队。能否组织合适自己的创业团队对港澳青年至关重要，决定着初创企业和项目研发的理念与想法能否变为现实实践。这些港澳创业者的成功之处在于建立了一支符合企业发展需求的创业团队，发掘团队成员的潜能。一些创业团队的成员既有来内地的，也有来自港澳两地的，成员亦大多是朝气蓬勃的年轻人，敢闯敢拼，做事有效率，创业心态较好。他们有共同的兴趣爱好，掌握专业知识和管理经验，能够在团队中找到发挥自己专长的空间。同时，团队成员之间注重相互学习和优势互补，不断加强彼此间的联系沟通，在产品研发与项目运营上各负其责、相互协作，建立了创业氛围较浓厚的平台。

四 小结

青年兴则国家兴，青年强则国家强。随着粤港澳大湾区建设进程的不断深入，港澳青年将是重要力量来源之一。全方位、多维度地推动港澳青年创业创新，是提升粤港澳大湾区整体区域竞争力和经济社会改革开放程度的重要途径。港澳青年要适时抓住粤港澳大湾区建设提供的历史机遇，寻找有利于创业创新的资源与机会。鉴于此，港澳青年选择赴粤港澳大湾区城市创业发展，需要做好相关准备工作。

第一，港澳青年要善用国家发展大趋势，用足用好国家制定的优惠政策。随着国家不断推进改革开放，推出了CEPA政策、"一带一路"倡议、粤港澳大湾区建设国家战略，内地与港澳各方面交流合作不断深化，经贸关系日益密切，人员、资金、技术、信息等要素跨境流动更加顺畅，这些变化向港澳青年提供了越来越多的谋生出路与创业方向。港澳青年创业者要更加透彻地了解和掌握国家政策规定，随时关注国家政策变化趋势，充分利用国家政策给予港澳青年创业群体的优惠措施，为自己创业发展创造有利的环境与条件。与此同时，港澳青年要充分利用香港、澳门连接内地的优势条件和港澳特区面向海外的窗口作用，密切关注祖国内地新兴行业、高新技术产业等方面的最新进展状况，抓住国家推进粤港澳大湾区建设战略提供的新机遇，在理想城市找到契合自己发展目标的创业空间。

第二，港澳青年要掌握内地市场需求与特点以寻找合适自身的创业项目。港澳青年事先要进行充分的市场调研，了解内地市场特点与香港存在的差异性内容。根据自身的创业条件，立足于实际客观的情况，结合目标城市的产业配套、市场规模、交通设施、政府支持等环境条件，选择合适自身创业发展的创业项目，顺利推进创业项目的发展。此外，也要将内地市场需求与港澳青年所能所长相结合，选准恰当的创业方向和战略定位，根据市场变化与客户需求，不断改进产品研发，敢于开拓市场，敢于面对创业道路的挑战，为初创企业及创业项目创造经济价值与社会价值。同时，也要构筑企业持续创新发展的竞争优势，不断增强初创企业的生命力，不断提升项目品牌的核心竞争力，实现"人无我有、人有我优、人优我新、人新我转"。

第三，港澳青年要整合各种有利资源"为我所用"。港澳青年初创企业在资金、技术、人才等方面实力相当有限，必须找到突破口拓展发展空间，突破各种环境与条件的职能制约。要踊跃参加业内社会团体活动，积极参加粤港澳大湾区城市举办的各种类型创新创业大赛，或是参与到各种联盟平台或组织中，从市场开拓、技术集成、人力资源、信息交流、资金支持、公益基金、创业指导等方面获取和整合有利资源，争取机会与各方力量进行密切联系与配合。在实践过程中，应当学会沟通技能，充分考虑如何立足自身实际情况去跟掌握不同资源或力量的机构团体或大型公司、企业家、社会人士进行互动合作，发现创业创新的机遇，与志同道合者共创价值。

第四，港澳青年创业者要树立创业精神以及积极奉献社会的境界。港澳青年具备创业精神是创业成功的基本条件，要敢于面对创业过程中的困难与挑战，不轻言弃，勇于克服困难。根据自身创业需要和团队成员的特点，组建一支彼此信任、多元组合、功能兼容的创业团队，建立一种敢于冒险、敢于拼搏的创业文化，弘扬创业创新精神。成功创业的港澳青年要以创业带动就业，要乐意向有意创业者分享成功有效的创业经验，对他们的创业疑问进行及时指导，在交流讨论过程中促进共同进步。

第五，港澳青年创业创新须具备国内视野与国际视野。粤港澳大湾区要打造成为国际一流湾区和世界级城市群，对港澳青年创业者提出了更高要求与期待。港澳青年在知识经验上要学贯中西、会通中外，尽可能掌握全面的专业知识与技能。港澳青年创业创新应具备国内视野与全球视野，即要立足于国内粤港澳大湾区建设的大势，放眼全球发展，了解国际湾区科技创新企业的发展过程，发现一些具有成熟可供借鉴的经验模式，积极主动与国际接轨，与国际湾区优秀青年人才展开深度的交流合作，学习他们企业运营成功的关键要素和先进管理经验，寻找提升创业企业的创新能力的有效之道，提升企业与创业项目的国际竞争力，实现技术创新发展走在世界前列。

总之，港澳青年作为粤港澳大湾区建设的重要力量来源，应该在立足港澳、胸怀祖国、放眼世界之上，把握住粤港澳大湾区建设这一千载难逢的机遇，积极融入粤港澳大湾区建设中，发挥自身特长及激发创业潜能，用砥砺奋进、创新创业的实际经历在全球市场上讲好包括港澳青创在内的中国青年创业故事。

第七章 粤港澳大湾区港澳青创的国际比较及路径启示

推动港澳青年在大湾区创业创新，是新时代国家支持港澳融入国家发展大局、推进内地同港澳互利合作的重要举措。纽约、旧金山、东京三大国际湾区在推动人才创业创新上具有独特经验，体现在区位优势、产业布局、创新体系、交通设施、生活环境等方面。粤港澳大湾区作为成长中的世界级湾区，其区位优势、财政政策、科研体系、交通网络和公共服务供给对推动港澳青创的作用正在逐渐显现。结合粤港澳大湾区实际，需要从健全完善港澳青创机制保障、政府有限干预与市场主体作用相结合、突破体制机制性障碍、提升技术含量和创新质量、参与国家建设并主动接轨国际等路径来优化推进港澳青年创业发展。

一 港澳青创与粤港澳大湾区建设

青年是党和国家掀起大众创业、万众创新新高潮的生力军，这是因为青年是最具有创业活力的群体，他们思维活跃，对新事物充满新奇，对世界潮流发展具有敏锐触角，想法独特，冲劲十足。推动青年创业构成青年发展事业的重要部分，既有利于他们解决生存需要和实现人生价值，也将促使他们融入新时代国家建设与发展大局，为推动区域经济增长和社会发展开辟新途径、新方式。

2015年国务院出台的《关于大力推进大众创业万众创新若干政策措施的意见》，就提出了加快推进包括青年在内的大众创业，积极采取创新体制机制、优化财税政策、搞活金融市场等措施。[①]此后，港澳青年群体亦被纳为大众创业、万众创新的重要内容。2016年国务院实施《关于深化泛珠三角区域合作的指导意见》，强调积极推进港澳青年创业基地建设，鼓励和支持社会资本设立泛珠三角区域创业投资基金，激发区域创新创业活力。[②] 2017年中共中央、国务院推行《中长期青年发展规划（2016—2025年）》，更强调积极创造条件，搭建港澳台青年来内地创新创业平台，支持港澳台青年在国家发展及海峡两岸暨港澳经贸融合中寻找发展机会，为港澳台青年就业创业提供便利服务。为有效推进港澳青年创业，2017年国家发改委、广东省政府、香港和澳门特区政府共同制定实施《深化粤港澳合作推进大湾区建设框架协议》，将推进港澳青年创业就业基地建设作为支持粤港澳重大合作平台建设的主要内容。

党的十九大报告提出"粤港澳大湾区建设"的国家发展战略，目标是实现支持港澳融入国家发展大局、全面推进内地同港澳的互利合作。其中，吸引和促进港澳青年到大湾区创业发展成为战略性举措之一。粤港澳大湾区要建设成为世界级湾区，需在科技创新上取得重大成功，关键在于引进和培养众多创新人才创业于大湾区，其中港澳青年人才是未来推动大湾区科技创新的重要力量来源。2019年中共中央、国务院公布实施《粤港澳大湾区发展规划纲要》，当中就专门提出支持港澳青年在内地创业发展的多项政策举措，包括将符合条件的港澳创业者纳入当地创业补贴扶持范围、推进港澳青年创业就业基地建设，以及实施推动港澳青年

[①] 国务院：《关于大力推进大众创业万众创新若干政策措施的意见》（国发〔2015〕32号），2015年。

[②] 国务院：《关于深化泛珠三角区域合作的指导意见》（国发〔2016〕18号），2016年。

创业的实习计划、就业项目及青年发展基金。由此，港澳青创问题愈发受到各级政府和社会重视，大湾区内地九城市兴起港澳青年创业基地建设热潮，引入港澳青年创业团队工作如火如荼进行。因此，在新时代如何有效推进港澳青创是摆在粤港澳大湾区建设面前的紧迫性任务，有必要通过比较分析国际湾区促进人才创业创新实践，以及学习借鉴它们的成功经验，从大湾区实际出发寻找有效推动港澳青创的优化路径。

二 促进人才创业创新的国际湾区经验

纽约湾区、旧金山湾区和东京湾区是世界三大湾区，吸引与汇集各个领域尤其是高科技产业的创新人才。这些湾区在推动人才创业创新上具有独特经验，使湾区在经济增长和科技创新上取得重大的成就，创新人才汇聚成为推动湾区经济持续不断发展的关键因素。正是国际湾区吸引各类高素质创新人才前来创业发展，赋予国际湾区长盛不衰的创新动能，迸发出成为全球创新引擎的巨大能量。

（一）东京湾区

东京湾区主要是围绕东京湾发展起来的"一都三县"，即以东京都为中心并涵盖埼玉县、千叶县、神奈川县在内的大都市圈，[①]聚集着日本三分之一人口和三分之一经济总量，推动着日本整体经济不断增长。东京湾区经济的一大特色就是大规模人口集聚和大规模产业集聚，产业体量大，多样性强，商业、科研、金融、

[①] 参见广东省城乡规划设计研究院的《湾区的元年与展望——2017年度粤港澳大湾区空间发展年度评估报告》，该报告将粤港澳大湾区与纽约湾区、旧金山湾区、东京湾区以及我国的长三角地区、京津冀地区做了一个综合比较。不过，学界对东京湾区范围的界定有不同看法，也有"一都七县"的提法，即东京湾是由东京都、千叶县、埼玉县、神奈川县和周边四县（群马县、栃木县、茨城县、山梨县）组成的城市群。

制造等多重功能形成良好的叠加效应，形成较为完整的全能型产业，推动形成产业分工并错位发展的产业格局。① 正是由于东京湾区具备发达的经济、高密度大规模的产业群、庞大的人口和相对健康的城市环境，才吸引了无数创新人才涌入湾区。

建构一体化的产学研发展体系是东京湾区吸引创新人才创办企业的重要因素。东京湾区产业格局是建立在其发达的高等教育和创新型企业上，其教育水平和科创能力对日本经济发展具有重要影响。东京湾区拥有数量众多的大学，如东京大学、东京工业大学、电气通信大学等，达225所，占全国780所大学的29%，而学术研究机构占全国40%左右，研究人员占比则超过60%。湾区内京滨、京叶工业带集聚众多具有技术研发功能的大企业和研究所如NEC、三菱电机、三菱重工、三菱化学、丰田研究所、索尼等，均具有强大的产业创新能力。② 而东京湾区在科创领域的成就正是得益于日本的"技术立国"战略，极度重视产学研一体化发展，推动着湾区各大产业集群发展壮大，促进技术进步和新产业不断发展。例如，京滨工业区作为东京湾的产业研发中心，为完善相关产学研合作机制，将原来隶属于多个省厅的大学和研究所调整为独立法人机构，赋予大学和科研单位更大行政权力，建立起更有竞争活力的创新体系。③

东京湾区建成便捷发达的交通网络是吸引创新人才的有利因素。东京湾区具有全日本最密集的环状放射性道路，主要由铁路、地铁、单轨列车组成的综合铁路网。湾区内建有六大港口与成田、羽田两大机场和东海道、北陆、东北等新干线以及数条高速公路，构成东京湾区与日本国内和全球主要城市间的海陆空立体交通圈。

---

① 卢文彬：《湾区经济：探索与实践》，社会科学文献出版社2018年版，第136页。
② 卢文彬：《湾区经济：探索与实践》，社会科学文献出版社2018年版，第145—146页。
③ 丘杉：《东京湾区经济带发展背后高度重视科技创新》，《深圳特区报》2014年11月25日第B11版。

东京湾区轨道交通系统通车里程长达 2300 千米，包括 JR 线、地下铁以及各种形式的私铁，而湾区的 80%—90% 通勤客运就是依赖轨道交通。[①] 而湾区城际轨道主要由"环形+放射线"的 JR 铁路承担，私铁为补充，使中心区域和主要城镇间形成"1 小时"的出行服务水平。发达的轨道交通系统促进东京湾区发展趋向一体化，可供创客在都市圈内自由选择居住地和工作地。

政府财税政策支持以及产业创新机构的大规模投资是吸引人才创业发展于东京湾区的另一诱因。日本中央政府建立一系列配套的财政金融政策，如财政转移支付、新开发地区的地方政府债由中央财政贴息，中央政府通过政策性银行向市场主体发放产业转移专项贷款、新兴工业园开发可享受特定税制优惠。此外，日本官方、大企业和银行等共同出资组成产业创新机构，对创业公司进行大规模投资。凭借长期的技术积累、高效的科研制度、充裕的科研投入以及经验丰富的科研团队，东京湾区的企业和科研机构在基础技术研究、应用技术研究和新产品研发等方面具有很强的竞争力，其优势几乎体现在各个学科和各类高技术产业的前沿，多项新型技术融合与产业领域相互渗透，为新兴产业发展提供强大的技术创新支撑。由于企业在技术与市场衔接方面拥有成熟经验和良好机制，研发产品能迅速进入市场创造效益，而市场收益又能反哺技术研发部门，从而保证东京湾区能够长期保持产业技术优势。[②]

（二）纽约湾区

纽约湾区是由纽约州、康涅狄格州、新泽西州等 31 个县市组成的大都市区，形成以纽约为中心，涵盖费城、波士顿和华盛顿

---

① 卢文彬：《湾区经济：探索与实践》，社会科学文献出版社 2018 年版，第 147 页。
② 卢文彬：《湾区经济：探索与实践》，社会科学文献出版社 2018 年版，第 144—145 页。

及巴尔的摩等大城市在内的湾区经济带。纽约湾区因其金融业发达被称为"金融湾区",湾区内拥有多家大型银行总部,纽交所、纳斯达克、美交所及高盛、摩根斯坦利等2900多家世界金融、证券、期货及保险机构集聚于此。[1] 纽约湾区是美国仅次于旧金山湾区的科创中心,是美国强大科技创新力的重要部分。纽约湾区有18家全球500强、45家全美500强、16家福布斯最大私企、24家增长最快企业。[2]

纽约湾区具有整体水平极高的教育科研体系是创新人才集聚的重要因素。湾区坐拥世界著名大学58所,能就近为纽约湾区科技创新提供源源不断的人才资源,是全球科研水平最高、最具影响力的湾区,它拥有全美10%的博士学位获得者、200多名美国国家科学院院士、40万名科学家和工程师、全美医学会10%以上的会员。在纽约的13000家高技术公司,仅雇用高技术人才就达32.8万人。[3]

完善的金融市场和充足的风险投资是吸引创新人才的经济性因素。据美国电子协会评估,纽约的高技术企业数量在全美列第2位,在吸引风险投资方面,纽约居全美第3位。[4] 纽约湾区发育健全的金融市场能够为企业科技创新提供高效的专业服务,以共同分享高科技产业带来的高回报,从而形成良性循环的金融支持高科技产业发展的市场环境。纽约湾区金融机构重视金融产品创新和技术研发,并依靠雄厚的人才资源和创新氛围的优势,在区块链、人工智能、大数据等方面的运用走在全球前列。

发达的交通体系是纽约湾区吸引全球创新人才聚集与流动的

---

[1] 何诚颖、张立超:《国际湾区经济建设的主要经验借鉴及横向比较》,《特区经济》2017年第9期。
[2] 国世平:《粤港澳大湾区规划和全球定位》,广东人民出版社2018年版,第61—62页。
[3] 卢文彬:《湾区经济:探索与实践》,社会科学文献出版社2018年版,第166页。
[4] 卢文彬:《湾区经济:探索与实践》,社会科学文献出版社2018年版,第166页。

促进性因素。湾区内具有发达的海陆空交通网络，拥有肯尼迪机场、纽瓦克机场、拉瓜迪亚机场等国际机场，以及若干个中小型机场、通用航空机场。湾区主要以高速公路及规划中的高速铁路，强化与500千米范围内重要枢纽、腹地的联系，以航空运输支撑1000千米范围内的客运交通需求。湾区城际轨道系统主要以大都会北方铁路、长岛铁路及新泽西捷运为主体，形成以纽约为中心的放射形轨道网络。湾区内建有14条铁路线能联系周边城市，与高速公路、水运及船运一道形成立体复合式的交通网络，[①] 带动着湾区内资本、人才、信息与技术等要素的集聚和扩散，尤其有利于创业人士选择"跨城而居、跨州而居"。

（三）旧金山湾区

旧金山湾区是全球科技创新重镇，属于美国西海岸、加利福尼亚州北部的大都市区，主要由旧金山、奥克兰、圣何塞三大城市构成的湾区经济带。旧金山湾区最为知名的是位于湾区南部的硅谷，创业创新是其最为突出特征，集聚着众多世界500强企业如谷歌、惠普、苹果、英特尔等以及一大批高科技公司，造就旧金山湾区成为全球科技创新高地和高科技产业中心。正是由于旧金山湾区作为全球人才、科技、金融、创业资本优质要素集聚中心，已发展形成了以硅谷为产业中心的湾区模式，成为国际诸多临海港口城市效仿的榜样。而旧金山湾区之所以成为全球人才创新创业的理想地，是由几方面因素共同作用的。

其一，旧金山湾区具有大量风险资本投资。在硅谷这个高科技公司的集中地，风险投资家对创业公司的资助是经济增长的核心因素，他们提供的业务专长是创业公司获得发展的关键因素。[②]

---

① 卢文彬：《湾区经济：探索与实践》，社会科学文献出版社2018年版，第160页。
② 李钟文等主编：《硅谷优势——创新与创业精神的栖息地》，人民出版社2002年版，第316—339页。

因此，硅谷成为美国和全世界最活跃的风险投资地带。风险资金来源于不同渠道，如退休/养老基金、企业策略性投资、捐款/慈善基金以及零散投资。风险投资家的特点在于他们拥有扎实的技术背景、丰富的管理经验和市场经验，并具有创造力，他们成为企业发展的催化剂。企业创办人与风险投资人之间的密切联系关系企业经营好坏，在这个过程中，风险投资人为获得收益会使用各种技术手段降低投资风险。[1] 风险资本会催生不同种类的孵化器和加速器等创业服务机构，以扶持初创企业成长，为初创企业的创新发展提供一系列专业服务。综合来看，硅谷的风险投资对创新创业的支持体现在以募资为创业提供生存和发展资金，积极介入公司内部管理以提供投后管理支撑服务如人员招聘、寻找供应链、市场开拓、法律风险评估等，将高效资金投入到最需要的地方，以确保不断有新的初创公司可获得成长资金。[2]

其二，政府对创业创新的财政支持与优惠政策。硅谷并不是政府造出来的产物，但是美国政府建立了有利企业创业创新的法律政策体系，并且还是企业科研产品的购买者，直接或间接地对企业研究项目进行投资发展。加州政府对企业创新制定了优惠政策，建立了一套完整的《加州投资政策与指南》，包括加州鼓励政策、企业保护区、雇佣信息查询和雇主附加服务、金融援助等。美国政府亦制定了有利企业改革和创业的规则，包括在组建公司、金融法律与规则、公司管理与审计、税收、劳动力流动、移民人才、破产、反垄断、大学教育科研等领域给予实质性支持。政府财政支持体现在科研上，集中于基础科学领域研究。例如，政府对信息技术的支持采取两种形式：一是基础性和开发性研究，二

---

[1] 张景安、[美]亨利·罗文、罗晖等：《创业精神与创新集群：硅谷的启示》，中国科学技术出版社2015年版，第108—114页。
[2] 马晓澄：《解码硅谷：创新的生态及对中国的启示》，机械工业出版社2019年版，第158—160页。

第七章 粤港澳大湾区港澳青创的国际比较及路径启示

是科研机构的人员培训和项目支持。[①] 正是政府财政极力支持计算机网络的研究发展,最终形成因特网。

其三,拥有发达的交通体系和宜居宜业的生活环境。旧金山湾区交通体系由高速公路网络、捷运系统、通勤铁路和空中交通组成,将湾区的旧金山、北湾、东湾、南湾和半岛五大区域的城市群互相连接,实现城市间互联互通,有效满足湾区各城市间的运输需求。高端人才对宜居宜业的环境有较高需求,环境气候是主要动因,正如硅谷官方宣传语所写:"好气候胜过政府的努力"[②],好的气候条件能够吸引人才前来。旧金山湾区三面环水、阳光充足、气候宜人,是全美最佳绿色城市。而硅谷由于地处亚热带地中海气候区域,其冬季温和多雨、夏季干热的地中海气候吸引不同国家人才前来创业,来自印度、中国、俄罗斯和东欧各国的具有科学和工程教育背景的移民就构成重要群体。

其四,旧金山湾区独特的创业氛围和开放的移民文化。如斯坦福大学、加州大学伯克利分校等高等院校,它们有鼓励创业的学术氛围。在斯坦福大学,鼓励师生投身创业是一种风气,从教授到学生充满浓厚的创业氛围。学校为培养更多优秀人才,专门为教员和科研人员创业制定积极政策,允许他们到公司兼职或在规定期限内离岗创业,鼓励他们在校进行发明创造,获得知识产权及其收益。[③] 不少企业也具有独特的创业文化和企业家精神,表现在允许试错、敢面对风险和容忍创业失败,鼓励创业者大胆创新并不断学习。开放、透明、平等、分享、沟通,成为帮助大部

[①] 张景安、[美]亨利·罗文、罗晖等:《创业精神与创新集群:硅谷的启示》,中国科学技术出版社2015年版,第263—270页。

[②] [美]阿伦·拉奥、皮埃罗·斯加鲁菲:《硅谷百年史:创业时代》,人民邮电出版社2016年版,第21页。

[③] 张景安、[美]亨利·罗文、罗晖等:《创业精神与创新集群:硅谷的启示》,中国科学技术出版社2015年版,第99—100页。

分硅谷公司成功的普适性原则。① 同时，宽松优厚的移民政策是旧金山湾区持续不断吸引创新人才移民创业的原因。H-1B签证、国际企业家签证和绿卡等移民政策起到促进作用，从全球各地吸纳储备丰富的人才资源，人才要素跨境流动相当频繁，为湾区发展创新型经济带来竞争优势。2016年一项调查显示，在硅谷公司最集中的圣克拉拉和圣马特奥，出生在美国境外的居民超过100万人，占当地人口的38%。25岁至44岁的主要就业年龄组中，67%来自国外。一份美国独角兽公司榜单中，半数以上企业由出生在美国境外的移民所创办，总部在硅谷的就有13家。② 由此来看，开放型经济体系和包容性移民文化为旧金山湾区集聚了丰富的人才资源。

综合比较纽约湾区、旧金山湾区、东京湾区的发展历程及成功经验中，不少研究就是从地理位置或者是区位优势、产业集聚、财税政策、生活环境、交通网络等方面发现它们的共性所在。③ 正是因为这三大湾区所具备的区位优越、合理布局的产业结构、完善的创新创业体系、发达便利的交通体系、宜居宜业的区域环境是集聚各类创新人才的影响因素，从而造就三大湾区具有吸引创新人才并储备人才资源的优势。

三 粤港澳大湾区推动港澳青创的实践优势

"粤港澳大湾区"从概念提出到作为一项国家级战略实施，经

---

① 马晓澄：《解码硅谷：创新的生态及对中国的启示》，机械工业出版社2019年版，第276页。
② 《湾区何以称世界级》，《南方日报》2017年11月29日第7版。
③ 参见林贡钦、徐广林《国外著名湾区发展经验及对我国的启示》，《深圳大学学报》（人文社会科学版）2017年第5期；王宏彬《湾区经济与中国实践》，《中国经济报告》2014年第11期；王旭阳、黄征学《湾区发展：全球经验及对我国的建议》，《经济研究参考》2017年第24期。

历了一段相当长的时间。香港学者吴家玮、田长霖等学者根据旧金山湾区的实践经验，首次提出"香港湾区"概念以建设沿香港海域，这是国内最早可以追溯的概念出处。国家制定的"十三五"规划纲要，则明确提出推动粤港澳大湾区和跨省区重大合作平台建设，以支持港澳在泛珠三角区域合作中发挥重要作用。2015年3月国家发改委、外交部、商务部联合发布的《推动共建丝绸之路经济带和21世纪海上丝绸之路的愿景与行动》中，就提及"充分发挥深圳前海、广州南沙、珠海横琴、福建平潭等开放合作区作用，深化与港澳台合作，打造粤港澳大湾区"。在2016年6月国务院发布的《关于深化泛珠三角区域合作的指导意见》中，提出携手打造粤港澳大湾区，建设世界级城市群。2017年国务院总理李克强在《政府工作报告》中，就提出要推动内地与港澳深化合作，研究制定粤港澳大湾区城市群发展规划，发挥港澳独特优势，提升在国家经济发展和对外开放中的地位与功能。2019年中共中央、国务院印发实施《粤港澳大湾区发展规划纲要》，表明粤港澳大湾区建设上升为国家区域发展战略之一。粤港澳大湾区作为我国开放程度最高、经济活力最强的区域之一，在国家发展大局中具有重要战略地位，需要充分发挥粤港澳综合优势，深化内地与港澳合作，进一步提升粤港澳大湾区在国家经济发展和对外开放中的支撑引领作用，支持香港、澳门融入国家发展大局。

从其发展历程来看，与三大国际湾区相比，粤港澳大湾区是处于正在成长阶段的国际湾区，涵盖"9+2"城市，即由广东省内的珠三角9个地市即广州市、深圳市、珠海市、佛山市、惠州市、东莞市、中山市、江门市、肇庆市以及与香港特别行政区、澳门特别行政区组成。它的最明显特征就在于港澳地区实行"一国两制"，广东、香港、澳门三地实行不同的政治经济制度，形成三个独立的关税区。推动港澳青年前来大湾区创业发展的重要考验，就是如何坚守"一国"之本并善用"两制"之利，并借助有利的环境条件与制度政策来促进港澳青年参与粤港澳大湾区建设。从现实情况与政策实践上看，在区位地理条件、政策资助体系、风险资本投资、基础设施建设、宜居宜业环境、创业创新文化等方面，粤港澳大湾区与上述三大湾区相比，也具备推动包括港澳青年在内的青年创业创新的优势条件，并且正在发挥着功用与效益。

（一）地理位置优越且具有明显的区位优势

粤港澳大湾区地处于我国沿海的开放前沿，是当前我国开放程度最高、经济活力最强的区域之一，具备国际湾区"拥海抱湾"的独特地理条件：其位于珠江入海口，珠江水系水道宽广，水系相当发达，冲积形成广阔的平原，物产丰富，湾区外围三面环山，具有优越的山水格局和"山、水、城、田、海"并存的自然禀赋，[①] 以泛珠三角区域为广阔的发展腹地，面向太平洋，在"一带一路"建设中具有重要的地位。粤港澳大湾区作为中国经济发展与资本市场融合最紧密的区域之一，其产业体系完备，集群优势明显，经济互补性强，香港、澳门服务业高度发达，珠三角九市初步形成以战略性新兴产业为先导、先进制造业和现代服务业为主体的产业结构。经过改革开放40多年的发展，大湾区城市形成讲求创新、开放包容的创业文化，为各类人才进入大湾区创业创新和发挥才能创造了机遇和发展空间。

（二）利好的财政政策与税收优惠

利好的财政政策与税收优惠是吸引港澳青年集聚大湾区的物质性因素。南沙、前海和横琴三大自贸区是对港澳青年人才率先

[①] 珠三角空间规划研究中心：《湾区的元年与展望——2017年度粤港澳大湾区空间发展年度评估报告》，2018年。

进行税收优惠的试点。例如，南沙区对创新创业人才提供安家补贴、高端人才卡、创新创业资金支持、港澳人才的税负差额补贴等；深圳前海高端和紧缺人才由深圳市政府给予财政补贴；珠海规定在横琴新区工作的港澳居民享受税收差额补贴。一些地市制定包括港澳青年在内的特定人才政策，如深圳实施"鹏城英才计划""鹏城孔雀计划"，广州推行"羊城人才计划""红棉计划"。大湾区内港澳青年创业基地如南沙粤港澳青年创新工场、前海深港青年梦工场、横琴澳门青年创业谷的支持力度更大。以前海深港青年梦工场为例，港澳创客可以获取多种形式的财政资助与税收优惠：第一，专项资金扶持，包括贷款贴息和财政资助两种方式；第二，税收优惠，获得前海境外高端人才和紧缺人才认定的港澳青年可享受15%个人所得税优惠；第三，场地租金优惠，入驻梦工场的创业公司享有半年免租期，若在半年内取得第一笔融资，免租期再延长半年。此外，《粤港澳大湾区发展规划纲要》颁布实施以来，为促进港澳青创及推进青创基地建设，广东省政府率先推出《关于加强港澳青年创新创业基地建设实施方案》，珠三角九市也相继推出鼓励港澳青年创新创业的工作方案，多维度地为港澳青年创新创业提供政策支持。

（三）体系完备的高等教育与科研体制

粤、港、澳三地拥有一批在全国乃至全球具有重要影响力的高校、科研院所、高新技术企业和国家大科学工程，科技研发、转化能力突出，创新要素吸引力强，具备建设国际科技创新中心的技术基础。从大学数量看，粤港澳三地高等学府达到143所，进入2018—2019年QS世界大学排名榜单前100名的高校就有4所。从这方面来看，粤港澳大湾区是我国除京津地区、长三角地区之外的一大高等教育集群地带，例如，香港特区拥有香港中文大学、香港科技大学、香港大学、香港理工大学、香港城市大学等多所国际知名高校,而广东省坐拥三所"双一流"高校如中山大学、华南理工大学、暨南大学,以及华南师范大学、华南农业大学、广东工业大学、深圳大学等实力高校,澳门特区高等教育也有高速发展、潜力无限的澳门大学、澳门科技大学两所高校。虽略逊于旧金山湾区,但粤港澳大湾区在亚洲区域的科研实力走向前列。国家政策益发支持基础科研能力建设,助力大湾区加强应用基础研究、拓展实施国家重大科技项目,如支持将粤港澳深化创新体制机制改革的相关举措纳入全面创新改革试验,并向港澳有序开放国家在广东建设布局的重大科研基础设施和大型科研仪器。大湾区具备产学研一体化基础,有条件建立产学研深度融合的技术创新体系,例如实施粤港澳科技创新合作发展计划、打造高水平科技创新载体和平台、建设面向港澳的科技企业孵化器等,为粤港澳高校、科研机构的先进技术成果转移转化提供便利,推动港澳创业青年科技成果的转化。

(四) 互联互通的交通基础设施

大湾区正形成的交通网络有力推动着港澳青年的加速流动,更方便港澳人才跨境居住与出行,提升湾区港澳人才要素的流动效率。港澳地区通关越来越便利化,进出澳门有拱北、横琴、湾仔、澳门跨境工业区 4 个口岸,进出香港有罗湖、福田、皇岗、深圳湾、文锦渡、沙头角、蛇口、福永、莲塘 9 个口岸。大湾区具有系统化空港群,包括香港国际机场、澳门机场、广州白云机场、惠州平潭机场、深圳宝安国际机场、珠海金湾机场。大湾区内跨海交通亦不断完善,建成通车的港珠澳大桥与正在建设中的深中通道、虎门二桥等跨江通道,构成大湾区内港澳之间形成 6 条高速公路,实现广州至大珠三角所有地级市、至泛珠三角所有省会城市高速公路的直达。高铁和城轨纵横交错,逐步建成的广中珠澳高铁、中南虎城际、深中通道、深茂城际铁路,将构建成以南沙枢纽为中心的湾区腹地 1 小时轨道交通可达圈。大湾区将要完建的环湾快速轨道，促使实现大湾区南沙站、广州南站、机场北站、中山北站、珠海北站等核心站点半小时内互达。

（五）渐趋享有同等的内地基本公共服务和生活便利

为吸引港澳青年人才进入大湾区创业发展，大湾区各级政府推行多项政策措施保障他们享有内地基本公共服务和生活便利，为港澳青年创业创新营造宜居宜业的优质生活圈。符合一定条件的港澳青年便可申领居住证，且按照规定享受公共就业服务、公共卫生服务、公共文化体育服务、法律援助和其他法律服务，以及乘坐交通运输工具、住宿旅馆、办理金融业务、申请授予职业资格、生育服务登记等生活便利。[1] 广州推出《关于鼓励港澳青年来穗创新创业工作方案》，就采取多种措施推动港澳青年创新创业，包括提供就业不需办理就业许可、参加社会保险、职业资格认可等服务。深圳实施《关于支持港澳青年在前海发展的若干措施》，提供高频直达巴士及跨境交通补贴、港澳青年子女教育享受深圳户籍学生待遇、入住港人公寓、缴存和提取住房公积金方面享受市民同等待遇等类型服务，从体制机制建设上加强港澳青年的生活保障。

四 粤港澳大湾区促进港澳青创的独特之处

除上述几个有利条件之外，粤港澳大湾区在推动港澳青年人才创业创新上，也有与三大国际湾区推动青年创业创新所不具备的优势所在。根据对当前形势观察来看，其独特之处至少可以通

---

[1] 国务院办公厅：《港澳台居民居住证申领发放办法》（国办发〔2018〕81号），2018年8月19日。

过"一国两制"制度安排、各级政府上下联动、社会力量积极参与三个方面来体现：

（一）"一国两制"将给港澳青年创业创新带来独特的制度优势

粤港澳大湾区建设是在"一个国家、两种制度、三个关税区域"下，由粤港澳三地展开的跨境合作。粤港澳大湾区所具有的制度多样性和互补性既可以作为粤港澳区域融合发展的优势，也可成为推动粤港澳深度合作的动力，并不断拓宽粤港澳大湾区的发展空间。粤港澳三地在基础设施互联互通、提升市场一体化水平、打造国际科技创新中心、构建发展现代产业体系、共建宜居宜业的优质生活圈、培育国际合作新优势、推进重大合作平台建设等领域展开全面合作，推动着形成大湾区城市群协同发展的大格局。相比世界一流湾区，粤港澳大湾区在经济总量、贸易规模、港口能力、创新要素等方面已具备条件且毫不逊色，粤港澳合作正在进行一种有别于过往的全新型探索。粤港澳三地的多元化差异可转化为共融优势，将创造众多的可能性并有助于打开突破口，而"一国两制"所保障的粤港澳大湾区多元制度格局，是构成粤港澳大湾区区域发展的最大制度优势。通过粤港澳大湾区的政策突破和制度创新，可以为港澳青年跨境创业提供更多政策便利，例如港澳服务业扩大开放、粤港澳贸易投资便利化不断推进、促进创新要素日益便捷流动，营造宜居宜业优质生活圈、打造优良营商环境等，将为港澳青年在粤港澳大湾区创业创新提供更加灵活的制度安排与协调机制。例如，自 2018 年开始，广东省就围绕推进粤港澳大湾区规则相互衔接开展"深调研"，全面梳理 8 个方面 30 个具体问题，赴十多个国家部委汇报对接、争取支持，推动港澳居民申领居住证、取消办理就业许可证、降低跨境通信资费等便利措施出台，这无疑将有利包括港澳青年创客在内的港澳居民在粤港澳大湾区城市工作和生活。比如，在税收制度上，广东自贸试验区已先行先试"港人港税、澳人澳税"，截至2020年4月累计为港澳及高层次人才发放个税补贴高达3.27亿元;[1] 在职称职业资格互认上，构建全面开放的粤港澳大湾区职称评价体系、推进粤港澳大湾区各领域职业资格认可，促进粤港澳大湾区人才自由流动，为他们的工作、生活、学习提供最大力度的政策支持与尽善的便利措施;在促进人才跨境流动方面，国家相关部门正在积极研究粤港澳大湾区试点签发"人才"类签注。一些专业人士也提议要探索港澳地区面向青年创新创业人员往返三地的便捷签注和工作许可制度，针对频繁往返内地与港澳的青年创新创业人员，设置专门签注种类和办理通道，简化审核程序，允许具备一定专业技能资质的青年创新创业人员在三地内自由流动。正是基于上述的制度安排与机制创新，粤港澳大湾区即是在尊重两制差异之上，通过转换、衔接、适应，将两制之异变为两制之利，从而创造出惠及粤港澳大湾区港澳青年创业群体的制度红利。

（二）粤港澳大湾区各级政府上下联动地高效推动港澳青创事业发展

为了有效推进粤港澳大湾区建设与发展，中央层面设置了高配的议事协调组织，地方则成立专门机构予以无缝对接、层层传导。比如，中央设立了粤港澳大湾区建设领导小组，广东省设立省、市推进粤港澳大湾区建设领导小组，香港成立粤港澳大湾区建设督导委员会，澳门设立粤港澳大湾区工作委员会，上下联动地统筹粤港澳大湾区建设事项。相对三大国际湾区的政府行动，推进港澳青年创新创业更是得到中国中央政府、地方政府及其协调机构的高度重视和空前瞩目。上至中央政府，下至广东省政府、

---

[1] 昌道励:《5年来累计形成527项改革创新成果》，《南方日报》2020年4月22日。

香港特区政府、澳门特区政府以及广州、深圳、珠海、佛山、东莞、中山、惠州、肇庆、江门等地级市政府,都出台了相关政策措施积极地促进港澳青年落地创业,从基础设施、教育、医疗、住房、养老等方面向广大港澳青创群体提供健全的公共服务。例如,在住房与交通问题上,南沙自贸片区专门为港澳青年人才规划建设了"青创人才公寓",可以同时容纳180人入住,地理位置优越且交通相对便捷,基础生活设施齐全,为港澳青年生活居住提供了全方位一站式的服务。同时,粤港澳大湾区城市全面兴起建设港澳青创基地的热潮,根据地方的环境条件与发展程度,制定了适合所在城市发展特色的港澳青创基地建设实施方案,如《广东省关于加强港澳青年创新创业基地建设实施方案》《佛山港澳青年创业孵化基地建设实施方案》《深圳市加强港澳青年创新创业基地建设工作方案》等。这些实施方案主要从场地空间、专业管理、投融资服务、创业培训、公益性法律服务等方面展开工作,以健全推进港澳青创的保障机制。尤其是,广州南沙、深圳前海、珠海横琴三大自贸区对港澳青年创业创新给予了空前的支持力度,其中南沙创汇谷、前海深港青年梦工场、横琴青年创业谷已经发展成为众多港澳青年人才创业创新的聚集地,也成为港澳企业投资、专业人士执业、青年创业的首选地。从新近的数据看,三大自贸片区粤港澳青年创新创业基地累计入驻粤港澳创新创业团队693家,就业超过4000人。[①]

(三) 粤港澳社会各界力量踊跃参与推动港澳青年在大湾区创业发展

粤港澳大湾区涵盖的所有城市都有着不可分割的地缘、血缘、史缘,即地域相近、民俗相近、人缘相亲、语言相通,在文化上

[①] 昌道励:《5年来累计形成527项改革创新成果》,《南方日报》2020年4月22日。

第七章　粤港澳大湾区港澳青创的国际比较及路径启示

可谓是同宗同源。因此，与三大国际湾区推进青年人才发展不同的地方在于：正是由于粤港澳三地社会的交流融合相当紧密、从未间断，粤港澳三地的社会力量踊跃参与港澳青创事业发展，在不同的领域和平台上愿意出人、出钱、出力来助推港澳青年人才进入大湾区创业发展。从现实的情况看，支持港澳青创发展的粤港澳三地社会力量形成了"企业—社会团体—高校联盟—社会个人"的发展格局。在企业的支持上，例如，由驻港大型中资企业、香港企业等多家企业联合发起的"大湾区共同家园发展基金"，联合各界青年领袖发起成立的公益基金"大湾区共同家园青年公益基金"，助力港澳青年创新创业。又如，粤港澳大湾区企业家联盟成立首个专门服务于大湾区青年企业的公益服务平台——粤港澳大湾区青年创业公共服务平台，通过发挥联盟里优质的企业家资源，为粤港澳大湾区港澳青年创业者免费提供综合性服务。在社会团体的帮助上，来自广东、香港、澳门三地的商会组织、青年联合会、青年协会、同乡会等团体，为港澳跨境青年创业提供创业服务或创业指引，例如澳门的青年企业家协会、中华总商会青年委员会、青年创业协会等社会团体举办粤港澳大湾区创业创新系列活动，香港的香港青年联会、粤港青年交流促进会等社会团体为跨境青年创业提供"一站式"创业支持。香港善德基金会为香港青年创业推出赞助项目，例如"善德大湾区青年发展计划之青民大湾区青年发展机遇考察团"。在高校的支持上，来自粤港澳三地的有关高校成立"粤港澳高校创新创业联盟"，为三地青年提供创新创业实践基地、产品研发资源及创业资金来源。又如，香港科技大学霍英东研究院落户广州南沙区，建立粤港澳（国际）青年创新工场，鼓励和扶持大湾区内青年的创新创业，为港澳青年创业者提供资金、场地、导师、商务服务落地等一系列支持。在社会个人的支持上，粤港澳三地就有相当部分人士乐意支持港澳青年双创，这些人士或是创业成功且经验丰富的企业家，或是专业领域的科技工作者、技术专家、知名投资人、大学教师、金融从业者等，以个人形式或是导师团形式为港澳青年人才提供创业咨询与创新指导。

当然，除了"一国两制"的制度优势、各级政府上下联动给予重大支持、社会力量的踊跃参与三大方面之外，还有其他影响因素也对推动港澳青创发挥了重要作用，例如政府设立的引导性基金与风险投资基金的合力正在不断增强资本创新服务；粤港澳大湾区正在推动港澳地区高校在内地办学，将不断提升大湾区高校的创业教育质量以及大湾区城市的创业创新环境；等等。这些独特之处的存在，将有力推动港澳青年人才选择在粤港澳大湾区城市创业发展。

五 粤港澳大湾区进一步推动港澳青创的路径选择

通过比较分析国际湾区吸引创新人才创业的经验，以及概括总结粤港澳大湾区促进港澳青创的实践优势及独特之处，对于进一步促进港澳青创具有一定启示的意义，当前应着力选择从如下几个路径来优化推动港澳青年创业发展。

（一）健全完善大湾区港澳青年创业创新的机制保障

为促进越来越多的港澳青年乐意在粤港澳大湾区城市创业创新和生活工作，应在粤、港、澳政府之间推动设立粤港澳大湾区青年创业创新专责小组，专门负责协调推进三地政府各部门促进港澳青年创业的联系与合作，加强彼此间的沟通与联系，共建共享粤港澳三地的创业资源，对推动港澳青年人才创业发展的整体规划进行科学有效的设计、指导与协作，并重点在财税政策支持、基地平台搭建、风险投资引入、公共服务供给、基础设施建设、法律公益援助上加强整合激发港澳青年创业激情的政策举措，建立一套有序运转的港澳青创保障机制，确保粤港澳三地政府有关政策措施的制定、执行与落实走向制度化、系统化、常态化，让港澳青年人才及时掌握熟悉国家政策，享受党和国家推动粤港澳大湾区建设带来的政策红利。

（二）政府有限干预与发挥市场主体性作用相结合

粤港澳大湾区各级政府推动港澳青创应该要注重方式方法，对港澳青创事务要实行有限干预和积极支持，而非是大包大揽，着眼于发挥市场机制配置资源的基础性作用，重视市场供给对港澳青创的推动作用。政府制定政策除为港澳青创提供研发资助、税收优惠、廉租场地之外，也要根据市场供求关系规律推动港澳青年创业项目和人才团队发展，建立多层次、多元化的孵化组织和行业生态，引入风险投资和私募基金培育港澳青年创业项目，为集聚港澳创新人才提供动力。港澳青年创新成果要与市场紧密对接，设立创新成果转化的中介机构，搭建各种平台帮助青年将高新技术和科研产品落地、发展与推广，利用市场竞争机制实行优胜劣汰，提高港澳青年创业企业的竞争力与成功率。

（三）注重突破体制机制性障碍以推动港澳青创

由于香港、澳门两个特区实行的是"一国两制"，粤、港、澳三地在经济制度、法律体系、行政体制和社会管理模式等方面存在差异性，尤其是在经济自由度、市场开放度、营商便利度及社会福利水平等方面呈现不少的差异性特征，这可能使粤港澳大湾区建设面临其他湾区所没有的体制机制性难题。因此，要推动港澳青创要在"一国两制"下实现资源融合、优势互补，继续在重点领域推动制度创新和机制创新，突破税收、融资、出入境、执业资格、社会保障、医疗服务等方面的制度性壁垒，把港澳青年创业需求和粤港澳三地的制度优势、有利条件有机结合起来，运用系统化思维加强港澳青创保障机制建设。粤港澳大湾区城市正在推进建设的港澳青创基地，尤其需要实惠化财政税收政策、便利化基础设施建设、人性化生活配套服务、专业化管理服务机构、贴身化合作平台服务、一站化专业法律服务，为港澳青创创造更多有利环境条件与宽阔的发展空间。

（四）大力提升港澳青创的技术含量和创新质量

在新时代粤港澳大湾区建设大背景下，港澳青年创业着实不易，而实现创新发展更是难度不小，要着重推动港澳青年从学习模仿阶段走向颠覆式创新和注重原创性的阶段，从文化观念上树立港澳青年的创新思想与创新思维，鼓励他们敢于做别人不曾做过的东西，敢于走别人没有走过的路，勇于创造出别人未曾制造出来的新产品。在坚守"一国"之本的前提下，粤港澳大湾区各级政府要善于利用"两制"之利，积极发挥粤港澳三地高校和科研机构的科研优势，建立完备的产学研体系和创新平台，助力港澳青创建立更有竞争力的创新体系。同时，也要适时利用企业、非政府组织的力量组建粤港澳青年创新创业联盟，成立青年发展基金，为提升港澳青创的技术含量和创新质量提供支援与服务。

（五）鼓励港澳青年积极参与国家建设并主动接轨国际

从国家发展大局看，在大湾区推动港澳青年创业创新作为支持香港和澳门融入国家发展大局，以及密切内地与港澳交流合作的战略性举措，应积极推动港澳青年人才参与国家建设，对港澳青年进行爱国教育，加强宪法和基本法、国家历史、民族文化的宣传教育。在实践中，要实质性开展如青年论坛、培训营、创业创新比赛、青年合作联席会议等多形式、多途径的活动促进粤港澳青年交流与合作，并为港澳青年进入大湾区城市创业、就业、实习和志愿工作提供更多机会。此外，国际湾区科技创新企业发达，具有成熟可供借鉴的经验模式，鼓励港澳青年创业创新应具备全球性视野，立足于大湾区并放眼全球，主动与国际接轨，与国际湾区优秀青年人才展开深度的交流合作，学习他们企业成功的关键要素和先进经验，提升创业企业的创新能力与国际竞争力，实现技术创新走在世界前列。

附　　录

附录一　粤港澳大湾区内地城市扶持港澳青创政策一览*

一　中共中央、国务院

《粤港澳大湾区发展规划纲要》涉及众多港澳青年创业的发展措施：

加快国家自主创新示范区与国家双创示范基地、众创空间建设，支持其与香港、澳门建立创新创业交流机制，共享创新创业资源，共同完善创新创业生态，为港澳青年创新创业提供更多机遇和更好条件。

支持粤港澳在创业孵化、科技金融、成果转化、国际技术转让、科技服务业等领域开展深度合作，共建国家级科技成果孵化基地和粤港澳青年创业就业基地等成果转化平台。

在大湾区为青年人提供创业、就业、实习和志愿工作等机会，推动青年人交往交流、交心交融，支持港澳青年融入国家、参与国家建设。

支持港澳青年和中小微企业在内地发展，将符合条件的港澳

---

*　由于在第三章已专门研究了港澳特区政府扶持港澳青年在大湾区创业的政策举措，故在此不再罗列。

创业者纳入当地创业补贴扶持范围，积极推进深港青年创新创业基地、前海深港青年梦工场、南沙粤港澳（国际）青年创新工场、中山粤港澳青年创新创业合作平台、中国（江门、增城）"侨梦苑"华侨华人创新产业聚集区、东莞松山湖（生态园）港澳青年创新创业基地、惠州仲恺港澳青年创业基地等港澳青年创业就业基地建设。实施"粤港暑期实习计划""粤澳暑期实习计划"和"澳门青年到深圳实习及就业项目"，鼓励港澳青年到广东省实习就业。支持香港通过"青年发展基金"等帮助香港青年在大湾区创业就业。支持澳门建设中国与葡语国家青年创新创业交流中心。支持举办粤港、粤澳劳动监察合作会议和执法培训班。

二　广东省

《广东省关于加强港澳青年创新创业基地建设的实施方案》：一是政策支撑方面。通过推进创新创业政策协同、打造港澳青年人才服务体系和建立多层次融资支持体系紧扣港澳青年需求强化扶持打造政策高地。二是打造平台方面。通过优化平台载体规划布局、加大平台载体建设资源投入、构建孵化基地平台载体全链条服务体系和促进产学研一体化为港澳青年提供环境最优、成本最低、要素最齐的硬件支撑。三是营造环境方面。通过扩大港澳青年住房保障供给、提升公共服务便利化水平和加强生活配套服务重点解决港澳青年反映突出的服务保障等问题。四是建立机制方面。通过开展粤港澳三地青年交流行动、建设粤港澳三地双创资源对接平台和加大基地建设宣传力度建立长效机制促进三地青年融入湾区发展。

三　广州市

（1）《关于鼓励港澳青年来穗创新创业工作方案》聚焦就业创业、人才高地、社会保障三大领域确定了12项任务，坚持优化港澳居民来穗创新创业新环境，多措并举鼓励港澳青年来穗创新创业。

（2）《发挥广州国家中心城市优势作用 支持港澳青年来穗发展行动计划》，粤港澳大湾区内地城市首个支持港澳青年发展的综合性政策文件。该行动计划的主要内容包括："乐游广州"计划、"乐学广州"计划、"乐业广州"计划、"乐创广州"计划、"乐居广州"计划以及搭建高效便利服务平台，提供社会化专业化服务。其中，"乐创广州"计划将以更大力度支持港澳青年在穗创新创业，比如设立总规模10亿元覆盖创业各阶段的港澳青年创业基金，重点投资优质港澳青年初创项目；3年建设10个港澳青年创新创业示范基地，入驻基地初创企业享受免费注册地址，办公场地费用半年全免、一年减半等优惠及配套服务。

（3）南沙区正式印发《广州南沙新区（自贸片区）鼓励支持港澳青年创新创业实施办法（试行）》，从实习就业、创业启动、场地补贴、成长奖励、生活保障、创新激励、基地建设等方面提出30条具体支持措施，全方位支持港澳青年在南沙发展，支持港澳青年创新创业补贴奖励总额近亿元。

（4）《广州市天河区推动港澳青年创新创业发展实施办法》，港澳青年创新创业项目除享受国家有关外商投资企业优惠政策，以及天河区已颁布施行的各项创新创业支持政策外，还可享受本办法规定的各项支持政策，如同一项目可以同时获得落户奖励和租金补贴两项支持。

（5）《白云区支持港澳青年来云发展行动计划》及其配套文件《白云区支持港澳青年来云创新创业实施办法》，主要包括："畅游白云""好学白云""展业白云""创享白云""安居白云""友助白云"六项计划。六项计划重点支持优质港澳青创企业项目和青创基地，奖励补贴总计超亿元，最高资助1000万元，提供多项百万元资助。

（6）《广州市黄埔区广州开发区支持港澳青年创新创业实施办法》（港澳青创十条），通过十条政府行政规范，向在辖区内创业创新实习就业的港澳青年提供优惠条件，涵盖创业启动、创新激励、平台建设、金融支持、办公补贴、实习就业、合作交流、生活保障等方面。

（7）番禺区政府出台《建设广州大学城港澳台青年创新创业基地实施方案》，给予创业启动资金扶持、市场融资支持、免费办公场地支持、租房补贴、实习实训补贴、创业孵化服务补贴、参加会展补贴，并提供免费人才招聘服务、工商注册便利服务、政府宣传推介服务，支持港澳台青年创新创业基地示范点（英诺创新空间）建设运营。

（8）新修订出台的《广州市就业补助资金管理办法》，提到港澳居民可按规定申领创业培训补贴、一次性创业资助、创业带动就业补贴等创业补贴。此外，修订创业担保贷款办法，在穗创业可申请由政府贴息的担保贷款，最高贷款额度为个人30万元、小微创业500万元，为港澳青年来穗创业提供资金保障支持。

（9）广州市科学技术局发布《2021年科技创新发展专项资金第一批项目申报指南》，对港澳青年来穗创新创业补助申报进行专门规定，以支持港澳青年来穗创新创业以及促进广州市与港澳开展研发项目合作。该类补助分为三个支持方向：一是港澳初创企业补助。对于获得香港青年发展基金"粤港澳大湾区青年创业资助计划"、香港创新及科技基金企业支援计划、澳门科学技术发展基金企业创新研发资助计划、澳门青年创业援助计划支持的青年初创企业或该企业技术团队，若其在广州市注册成立企业，则给予落户补助支持。对符合条件的企业每家给予市财政支持20万元人民币。二是港澳成长企业补助，择优遴选支持港澳人士或港澳企业在穗成立企业，以拥有知识产权、目标市场明确、产业化前景良好的技术成果为基础，向市场提供新产品或新服务。择优遴选支持不超过 30 家港澳企业，每家给予市财政支持 20 万元人民币。三是穗港合作研发项目补助。支持在穗机构与已获得香港创新及科技基金企业支援计划资助的香港企业在穗开展研发项目。对符合要求的立项项目，按照香港创新及科技基金企业支援计划所资助的在穗研发费用给予 1∶1 配套资金支持，每个项目的资助上限为 450 万元人民币。

四　深圳市

（1）《深圳市加强港澳青年创新创业基地建设工作方案》，提出四大方面 12 项主要任务和措施。根据方案，未来深圳将从财税政策支持、创业环境打造、配套设施完善、交流合作深化等方面发力，加强港澳青年创新创业基地的建设。

（2）前海管理局实施《关于支持港澳青年在前海发展的若干措施》，主要针对年龄在 18 岁至 45 周岁之间的香港、澳门居民及在港澳高校毕业的内地居民，措施不仅贯穿"实习、就业、创业初期、企业发展期"等全过程，还覆盖了个体、孵化载体、综合平台及生活保障等多方面，是前海针对港澳青年发布的扶持力度最大、措施最全的"大礼包"。

五　珠海市

（1）《珠海市支持港澳青年来珠就业（创业）和技能培训（训练）若干政策措施》，从十个方面全方位推动和促进港澳青年在珠海实现高品质就业创业。创业方面，《意见稿》提出港澳居民在珠创业，优先入驻广东珠海公共创业孵化（实训）基地，由基地提供系列创业服务，并享受最长三年"零"租金、"零"物业管理费的优惠政策；创业者可申请入驻市、区人才住房。对创办小企业，吸纳就业并办理就业登记、缴纳社会保险费满三个月的，根据吸纳就业人数按每人十五万元的标准增加贴息额度，可享受贴息的贷款额度最高三百万元；创业贷款在规定的贷款贴息额度内，可按照中国人民银行公布的贷款基准利率最高上浮三个百分点据实给予贴息。

（2）《关于加强珠海市港澳青年创新创业基地建设实施方案》提出到2020年将横琴港澳青年创新创业基地建设成具有引领示范作用的工作目标，推出一系列含金量更高、扶持力度更大的措施，加快港澳青年创新创业基地建设，为推动珠海港澳青年创新创业基地建设、进一步深化珠港澳三地合作、优化港澳青年来珠创新创业环境提供政策支持。

（3）2019年10月横琴新区管理委员会出台《关于进一步支持澳门青年在横琴创新创业的暂行办法》，该办法配合澳门经济适度多元发展，进一步支持澳门青年到横琴新区创新创业、融入国家发展，打造粤港澳大湾区创新创业高地。该办法所支持的产业领域包括科技创新、特色金融、医疗健康、文旅会展、跨境商贸、专业服务，从资金扶持、创业补贴、融资贷款、平台搭建、人才奖励、住房和生活补贴、创业咨询与培训服务、创业环境优化等方面全方位支持澳门青年在横琴创新创业。2020年3月，横琴新区澳门事务局实施《关于进一步支持澳门青年在横琴创新创业暂行办法的实施细则》，从租金和物业管理费补贴、贷款贴息和担保费补贴、优秀项目配套资助、科技型企业资金扶持、天使投资基金创投支持、社保补贴、创业奖励、孵化企业开办资助、住房和生活补贴、个税差额补贴、就业补贴、特殊人才补贴、生活保障、开展双创大赛等做出了细则性规则，助力澳门青年进入横琴新区创业发展。

六　中山市

（1）中山市政府专门印发《关于加强港澳青年创新创业基地建设工作方案的通知》，计划分两步走，到2025年，建成中山翠亨新区——"澳中青年创新创业园"，带动全市建成一批各具特色的社会化港澳青年创新创业基地，形成具有中山特色的"1＋1＋N"创新创业平台载体。

（2）《中山市支持港澳居民到中山就业创业若干政策措施》，对进驻中山的港澳青年创业团队，免收3年场地租金，提供创业扶持金和创业带动就业补贴，提供30万元额度小额担保贷款和贴息。对在中山工作的境外（含港澳台）高端人才和紧缺人才，按国家和省的部署，落实好个人所得税补贴政策。

七 东莞市

东莞松山湖高新区管委会出台《东莞松山湖推动港澳人才创新创业实施办法》，内容涉及设立松山湖港澳人才创新创业专项资金；对入驻基地的港澳人才创新创业项目进行奖励；实行港澳籍人才就业补贴个税差；实施知识产权促进计划。重点内容是"六大计划"，包括实施港澳人才引进计划、创新创业加速计划、知识产权促进计划、商务服务伙伴计划、人才宜居宜业计划、圆梦护航助力计划，涉及新引进人才就业补贴、个税差额补贴、办公场地补贴、研发费用奖励、知识产权诉讼补贴、平台服务机构初创服务补贴、租住补贴、跨境交通补贴、子女教育、企业"绿色通道"。

八 佛山市

（1）《佛山市全面建设国家创新型城市促进科技创新 推动高质量发展若干政策措施》中，有多条措施围绕来佛山创新创业的港澳人才展开：经认定为省港澳青年创新创业基地的，市财政给予每家500万元资助并享受省级孵化器相关优惠政策；落户港澳青年创新创业基地或基地内孵化的中国创新创业大赛（港澳台赛）获奖企业，市财政最高给予100万元奖补；港澳地区高校、科研机构可牵头或独立申报市财政科技创新资金项目；减轻在佛山市工作的港澳、外籍高层次人才和紧缺人才工资薪金所得税税负，由其单位所在区财政按内地与香港个人所得税税负差额给予补贴，该补贴免征个人所得税。试行港澳人才享受佛山市企业职工基本养老保险延缴政策。

（2）《佛山港澳青年创业孵化基地建设实施方案》，提出按照"三步走"的安排，建设佛山港澳青年创业孵化基地，形成规模聚集效应，发挥示范带动作用。佛山将以季华实验室等重大项目为载体，建设佛山港澳青年创业孵化基地分园并投入运营，实现港澳青年进入基地创业创新扶持政策"零障碍"。

九　惠州市

《惠州仲恺港澳青年创业基地实施方案》，明确提出八项举措，进一步优化港澳青年在惠创新创业环境，让港澳青年"进得来、干得好、留得下、融得入"。在政策待遇、创业服务、投资融资、平台建设等多个方面对港澳青年在惠州仲恺港澳青年创业基地创业就业给予支持与保障，以"一基地多园区"的发展模式，将港澳青年基地打造成科技创新引领区、港澳产业集聚区、粤港澳合作示范区，助力惠州建设粤港澳大湾区创新成果产业化高地。

十　江门市

《江门市关于加强港澳青年创新创业基地建设实施方案》，十五项措施打出"组合拳"，十五项措施分别是健全港澳青年就业创业政策体系、加快港澳青年创新创业基地建设、深入推进江门"侨梦苑"建设、深化区域创新体制机制改革、建设"乐业五邑"就业创业综合服务平台、推动人力资源产业蓬勃发展、降低港澳青年创业成本、营造宜居宜业的工作生活环境、加强与港澳教育领域合作、举办高质量创业活动、积极对接港澳民间社团组织、打造高层次平台对接港澳人才、鼓励港澳青年到江门市开展交流、推动与港澳金融市场互联互通和广泛开展各类宣传活动。

十一 肇庆市

《肇庆市鼎湖区港澳青年创新创业基地建设实施方案》，提出要加强粤港澳就业创业合作，推进港澳青年创新创业基地建设，吸引港澳科研人才和科研项目落地鼎湖区发展，为港澳青年在鼎湖学习、实习、交流、就业、创业等创造便利条件。从八个方面提出推进港澳青创的主要工作任务及其措施：推进创新创业政策协同；建立多层次融资支持体系；完善创新创业服务；完善基地创新创业成果转化机制；提升公共服务便利化水平；提供生活配套服务和住房保障；开展港澳青年交流活动；加强对基地建设的宣传。

附录二 粤港澳大湾区城市主要港澳青创基地一览
——栽好梧桐树，引得凤来栖

一 广州市

（一）创汇谷——南沙粤港澳青年文创社区

南沙"创汇谷"粤港澳青年文创社区以"青年特色、港澳元素、前端定位、综合服务"为目标导向，以服务港澳青年特别是在穗高校就读的近万名港澳青年学生为主体，以人文交流、实习就业、创新创业、经贸往来（青年专才合作）、居家置业为主要路径，全方位为港澳青年提供一个低成本、便利化、全要素、开放式的试错平台。"创汇谷"社区内设有青年创业孵化基地、青年创业学院、青年创意工坊、青创公寓四个功能区，以文化传媒、互联网科技、创新型科技产品、跨境电商等为切入点，重点面向粤港澳本土文创项目。

（二）南沙粤港澳（国际）青年创新工场

南沙粤港澳（国际）青年创新工场主要面向粤、港、澳大学生及青年创新创业主体，依托香港科技大学及研究院的资源及平台，以建设"高校→粤港澳（国际）青年创新工场→产业园→产业界"创新创业产业链为发展方向。此外，创新工场依托研究院于2016年、2017年和2018年连续三年成功举办香港科大百万奖金（国际）创业大赛，累计收到超过2500个团队报名，创业大赛也从最初培育科大创业家的平台，逐渐发展成推动创业文化的地区性赛事。

（三）海珠区港澳青年创新创业服务中心

海珠区港澳青年创新创业服务中心是在海珠区委统战部指导下，由部分广州及港澳爱国企业家共同发起成立，致力于深化粤港澳青年交流交往，引导港澳青年增强国家观念和民族意识，积极为粤港澳大湾区建设贡献力量。海珠区港澳青年创新创业服务中心以粤港澳大湾区9+2城市地区青年为服务对象，围绕科技创新、人工智能、物联网、区块链、大数据等新技术应用为主线，全面融合各个领域及产业资源，共同打造一个全球化、智能化、数据化的创新创业平台，是港澳青年在广州海珠进行创新创业、实习就业、孵化融资、人文交流、社会融入的服务机构。

（四）天河港澳青年之家

天河港澳青年之家是非营利性民办非企业单位，致力于为港澳青年打造圆梦之家。天河港澳青年之家以"政府提供场地、机构筹资建设、专业团队运营、公益服务为主"的模式建设运营，将为港澳青年提供"创业孵化、公共服务、展示交流、社团联络"一站式服务，成为天河区为粤港澳大湾区青年来天河创新创业发展提供开放式、全链条、贴心式服务的综合性平台。港澳青年之家总部服务对象包括有志于在天河发展，爱国爱港爱澳的港澳青年。港澳企业、港澳社团，具有香港、澳门永久居留权的青年，或者是在香港、澳门高校就读或毕业的内地青年可入驻港澳青年之家。入驻天河区港澳青年之家总部的项目负责人原则上年龄在45岁以下。目前，天河港澳青年之家与相关企业、基地结为战略伙伴合作关系，设立了青年公寓、创业基地和实习基地作为功能配套服务基地，并下设创新创业部、会员发展部、香港联络部、澳门联络部等职能机构，还成立了专家委员会，为来广州天河的港澳青年提供创新创业、学习交流、实习就业以及安居乐业四大服务指导。

（五）专创·众创空间

专创空间是广州专创信息科技有限公司基于移动互联网开源公共技术和完善的创业孵化生态服务体系，打造的线上、线下相结合的移动互联网双创云服务平台。专创·众创空间位于天河区CBD珠江新城华夏路，拥有办公场地及相关配套功能区总面积1580平方米，包括创客孵化办公区、创客服务区、项目路演中心、会议室、培训室、休闲区等，拥有专职服务团队、科技创新服务团队、创业导师团队等超过50人。作为天河区港澳青年之家创业基地，已有45个港澳青年企业注册落户专创空间创业，其中拥有效知识产权企业超10个，企业领域涵盖新一代人工智能、生物医药、AI、传媒文化、专业服务、投融资等。专创空间将进一步依托成熟的科技服务体系和专业的服务团队及完善的服务生态链，突破物理空间，吸引港澳高端技术及专业人才，融合大湾区的技术、资本、人才、产业资源，形成港澳青年创新创业服务网络体系，打造广州市及至广东省粤港澳青年创业服务的示范基地。

（六）ATLAS寰图·办公空间

寰图·办公空间雅居乐中心（以下简称"ATLAS寰图"）坐落于天河区CBD珠江新城华夏路26号雅居乐中心，拥有办公场地及相关配套功能区约1万平方米。ATLAS寰图是一个崭新的办公综合空间，结合ATLAS Workplace寰图·办公空间，ATLAS Living Space寰图·生活空间，ATLAS Community寰图·社区，融合了工作、运动、餐饮、艺术配套服务等现代白领工作和生活中必需的元素，为会员改变千篇一律的工作形式，创造"尽情工作，尽兴生活"的办公生活方式。

（七）TIMETABLE精品联合办公空间

TIMETABLE粤港澳大湾区天河港澳青年创新创业基地，具有酒店化的行政服务和国际化的莱佛士物业管理团队为您解决生活中的琐事；配置高端精品的咖啡，一流的健身房，让您足不出楼即可享受到有品质的生活。东临广州国际金融城，西至珠江新城区域，南接琶洲BCD区间，TIMETABLE让您与港澳咫尺之遥，触手可及。匠心独具的设计，高品质的办公配置设施，让每一个周一都无比值得期待。TIMETABLE更为港澳青年团队提供多方面的优惠政策：3个月免费入驻办公，全方位企业服务以及无偿创业宣讲场地等。

（八）天河众创五号空间

天河众创五号空间是创业全链条的投资型国际孵化平台，成立于2015年5月，规划建筑面积30000平方米，打造创业孵化全链条"众创空间—孵化器—加速器—青年创业社区"。天河众创五号空间重点培育孵化围绕文化创意、互联网、文化创意等领域企业，拥有全方位一站式创业配套服务、孵化服务等。培育了机智云、考拉先生、来设计、幸福森林等优秀企业。天河众创五号空间以"孵化+基金投资"为发展模式，以港澳台及国际化合作为特色，重点培育孵化新一代信息技术、人工智能、文化创意等领域企业。通过以园区为孵化载体，以投融资机制为驱动，以创业服务为纽带，联动各类创业扶持政策为保障，为入驻创业者充分调动创业生态圈资源。

（九）云创汇·港澳青年创新创业基地

云创汇·港澳青年创新创业基地是广州白云区区属国企白云

金控为落实白云"1+N"支持港澳青年来白云发展的创新创业高地，而打造的一个创新孵化器基地。作为白云区支持港澳青年行动计划的启动引擎，云创汇依托白云金控"金融+人才""境内+境外"的"四位一体"双孵化模式支持港澳青年创新创业。联合广东财经大学粤港澳大湾区创新竞争力研究院、香港白云联会青创服务中心，搭建"一基地、一院校、一中心"港澳青年创新创业新平台，为全面融入粤港澳大湾区建设，推动产学研融合发展，全力支持港澳青年来白云创新创业提供强有力的智力支撑和综合服务。作为白云区重点打造的创新创业基地，入孵企业可享受区内高额的创新创业奖励和优惠政策，提供包括人才、研发、知识产权、金融等各个方面的配套服务与支持。

（十）广州大学城粤港澳青年创业孵化器

粤港澳青年创业孵化器位于广州大学城青蓝街28号创智园，占地面积4000多平方米，毗邻大学城。孵化器将依托广州大学城得天独厚的青年人才聚集优势，聚焦现代服务行业，服务于粤港澳大湾区青年人才及创业者，立足湾区，辐射全球，通过开展产学研资深度链接，整合大湾区优质产业资源，汇聚粤港澳优质产业资本，实现地区产业升级驱动，人力资源价值挖掘，共同为推动粤港澳大湾区价值腾飞做出贡献。粤港澳青年创业孵化器主要工作是深度链接粤港澳大湾区内众多高等院校及科研机构，推动科技成果转化；引入社会机构资源、引进科技合作项目，引进及培养高新技术领域优秀人才，实现大湾区范围内科技成果与产业联动以及人才联动；通过提供全方位科技创新服务，助力大湾区内创业青年及其创新创业项目快速成长；聚焦现代服务行业驱动产业结构优化升级，扶持打造一批现代服务行业的独角兽企业。

（十一）番禺粤澳青创国际产业加速器

番禺粤澳青创国际产业加速器是"澳门青年创新创业计划"

首个落户广州的粤港澳大湾区创新创业孵化加速平台,粤澳青创国际产业加速器以实现粤港澳大湾区青年企业家的互联互通与互助互利为宗旨,紧密依托澳门工商界、澳门特区政府和清华珠三角研究院以及广州大学城等高校科研院所,聚焦互联网技术、产业大数据、生物医药、人工智能、新能源、新材料和文化创意等领域,打造一流的专业化、国际化服务平台,为粤港澳大湾区青年企业家提供全方位一站式创新创业服务。番禺粤澳青创国际产业加速器位于广州大学城信投创智大厦,首期建筑面积约6000平方米。粤澳青创国际产业加速器以澳门本土企业及与澳门合作企业发展需求为导向,构建创业指导、创业孵化、投融资对接等完整创新服务加速体系,推动粤港澳创新项目在大湾区实现快速成长。

二 深圳市

(一)前海深港青年梦工场

前海深港青年梦工场于2014年12月7日由前海管理局、深圳青联和香港青协三方发起成立,是服务深港及世界青年创新创业,帮助广大青年实现创业梦想的国际化服务平台。梦工场以现代物流业、信息服务业、科技服务业、文化创意产业及专业服务为重点,培养具创新创业意念的18—45岁青年,以及具高潜质的初创企业共200家,在梦工场实践创业计划,并同时探索创新创业孵化器产业化发展的新模式。梦工场先后被授为全国唯一"青年创新创业跨境合作示范区"、深圳市首批10家创新创业示范基地、广东首批港澳青年创新创业基地,并成为广东省政府和香港特区政府共同认定的首批"粤港青年创新创业基地"。

(二)深港青年创新创业基地

深港青年创新创业基地是深圳市率先建立的首个深港青年创新创业基地。2013年6月,在深圳市科技创新委员会、深圳市港澳事务办公室以及香港创新科技署的指导与支持下，深港青年创新创业基地正式落户南山云谷创新科技产业园，后迁至南山智园国际创客中心。深港青年创新创业基地以"推动两地人才合作发展，打造开放共赢的深港创新圈"为目标，大力引进香港优质创业团队，提供全链条政策服务保障，营造优良的创业生态环境，打造新时期深港深度交流合作典范。深港基地已逐步建立了针对港青的创业服务体系，提供政策指导、平台服务、投融资服务、科技金融、深港交流与国际科技合作等服务。

（三）深圳华强北国际创客中心

华强北国际创客中心是华强集团倾力打造的，能够全方位服务创业者的综合创新创业生态平台。华强创客中心和政府、著名投资机构、创客空间、媒体、社区、创业咖啡馆、线上线下销售渠道商等深度合作，为创业者提供交流、交易、展示、孵化、创投等全方位服务。华强北国际创客中心由创客空间、路演中心、创业咖啡馆、孵化器等几个板块组成。主要优势产业为智能硬件、机器人、可穿戴设备等，对接智能硬件全套产业链。

（四）粤港澳青年创新创业工场

粤港澳青年创新创业工场坐落于福田保税区内的深港科技创新创业特别合作区，是深圳福田区委区政府推进深港科技创新特别合作区建设的一项项目。粤港澳青年创新创业工场采用"1+N"互动合作运营式。"1"是指深圳市深港科技合作促进会作为运营管理机构。"N"是指福田区青年联合会牵头协调党政相关部门为入驻三地青年团队提供各类支撑服务。福田区青年联合会、区科创局整合资源为粤港澳创新创业青年提供办公、短期住宿、学习交流、税务法务、知识产权等系列服务，全力为港澳创业团队提供便利。

（五）宝安深港澳青年创新创业基地

宝安深港澳青年创新创业基地是一个以文创、科创为核心的创新创意园，透过"自成一格"的创意理念，打造了一个"网媒+电商+实体店"的手工创作产品平台，是一个"线上和线下"组合而成的品牌平台。同时，创业基地还以"展览馆"的形式展示港澳等地青年的文创作品，为创新创业青年提供创意工作空间、生活空间和后勤保障空间等一揽子配套服务。

（六）深圳坪山区深港澳青年创新创业基地

坪山区深港澳青年创新创业基地位于坪山创新广场，设置综合办公区、休闲区、作战室、VR实验室、创新学院、创意坊等功能区，规划满足15个创业团队办公，可同时容纳200人。基地现已纳入坪山区科技创新孵化器建设管理，预计每年将引入或孵化不少于15个港澳台侨青年创新创业团队（项目），培育或引进1—2家国高企业，申请专利20件以上，实现"举办100场创新创业主题活动、与100个港澳台侨等世界民间爱国社团建立友好合作关系、培养和建立100名青年创新创业导师团队"的建设目标。

（七）罗湖尚创峰众创空间

尚创峰众创空间位于罗湖佳宁娜广场三楼，由香港企业家于2017年投资15亿元打造，总面积达7632平方米，是一家为粤港澳大湾区青年创新创业服务的科技项目孵化及科技生态运营平台，致力于成为拥有港澳台侨、深圳及内地多元资源的国际知名商业服务平台。2019年，入选广东省首批"粤港青年创新创业基地"。

（八）龙岗深港澳青年创新创业服务中心

深港澳青年创新创业服务中心位于龙岗创投大厦，是龙岗区委区政府打造的一个由政府主导、服务青年创新创业的公共服务平台，重点关注两大创新创业群体："0到1"的创新创业青年群体和"1到2"的青年企业家群体。该中心针对不同发展阶段的创新创业青年群体，整合创新创业资源要素，搭建"103015"服务体系，助力深港澳青年创新创业。

三　珠海市

横琴·澳门青年创业谷位于珠海横琴新区，是在中国（广东）自贸试验区横琴新区片区为澳门和内地青年交流合作、干事创业、实现梦想而重点打造的孵化平台，是粤港澳深度融合发展的新载体和促进澳门经济多元发展、澳门青年成长成才的有力抓手。横琴·澳门青年创业谷在推动珠澳合作、促进产业集聚、支持澳门融入国家发展大局等方面发挥了重要作用，先后荣获粤港澳青年创新创业基地、广东省创业孵化示范基地及国家级科技企业孵化器等荣誉资质。

四　佛山市

（一）佛山港澳青年创业孵化基地

"佛山港澳青年创业孵化基地"是围绕禅城区智慧新城、南海区三山和顺德港区打造而成的"一基地两园区"格局。在禅城区智慧新城市级孵化基地总部对外正式挂牌"佛山港澳青年创业孵化基地"，依靠主园区加强与港澳地区就业创业机构的资源对接，建设全市就业创业公共服务一体化服务平台，面向全市孵化基地引进港澳青年创业项目，举办各项港澳合作活动。佛山港澳青年创业孵化基地南海分园区，距广州南站5分钟车程。根据规划，分园以季华实验室为载体，建设面积约5000至10000平方米，计划2021年投入使用。佛山港澳青年创业孵化基地顺德分园区选址顺港城，规划建设面积约为5000平方米。

（二）港澳青年创新创业（佛山顺德）基地

港澳青年创新创业（佛山顺德）基地位于广东佛山顺德博智林机器人实验中心，拥有约1600平方米创新创业空间。基地将借助粤港澳大湾区的综合优势、顺德工业制造基础，深化粤港澳创新合作，完善创新创业生态，共享创新创业资源，在机器人和人工智能等相关领域，为粤港澳青年创新创业提供更多机遇和场地、资金、研发、试制、验证、生产等全方位服务，致力于打造港澳青年创新创业基地的示范区。

（三）佛山粤港青年创新创业基地工合空间

工合空间位于佛山南海三山科创中心，是一个致力于为港澳青年提供创业服务的平台，粤港两地政府认定的首批10家粤港青年创新创业基地之一。工合空间通过与大湾区内外政企、机构和院校的密切合作，为创业者对接丰富的创业资源、信息和服务，帮助港澳企业迅速落户内地，推动内地企业进入国际市场，促进粤港澳创新创业深化合作。

五 中山市

（一）中山市易创空间创业孵化基地

中山市易创空间创业孵化基地是由市政府投资建设、中山火炬职院管理，中山汇智电子商务投资管理有限公司负责运营的公益性、示范性创业孵化基地。该基地以中山美居产业资源为核心，以推动中山市创业带动就业发展为目标，具备创业学院、远程会议中心、多功能路演厅、咖啡厅、创业项目展示厅、创业导师联盟等孵化空间。基地主要针对以高校生为主体的青年、留学回国人员、军转干部、复退军人、台港澳青年、海外创新创业人才等创业团队提供一站式孵化服务。基地在政策集成、资金保障、产业引领、人才服务、创业培训、风投引领等方面指导各类创业园区和孵化基地促进中（山）港澳三地青年创业，实现优势互补、资源共享。

（二）中山市南区国际青年科创谷

中山市南区国际青年科创谷是由中山市人民政府南区办事处、香港高锋集团共同筹建的粤港澳青年创新创业基地，位于南区商业地标永安广场内。整个南区科创谷均配置了简约实用的办公室家具和电子设备，主要围绕工业设计、智能制造、文化创意、大数据等科技创新产业，进行孵化和加速创业，为创业者和初创企业提供环境最优、成本最低、要素最齐的硬件支持。

（三）澳中致远火炬创新园

澳中致远火炬创新园位于中山火炬高新开发区，是首批"粤澳青年创新创业基地"入选基地之一，以"政府支持、企业主导、市场运作"的模式运行。园区以会员制招募创业项目进驻，若申请者为澳门居民可优先入驻。基地内设各类型会议场地、主题展厅、共享工位等设施。其目标是聚集中山、澳门两地促进青年创业的政策、资金、产业、人才、培训、风投等资源，打造创新创业的孵化器、加速器、创业基地。

（四）粤澳青年创新创业基地（中山）

粤澳青年创新创业基地（中山）正在落地，由中山市政府与澳门特区政府在位于中山高新区火炬国际会议中心原址合作共建。基地聚焦打造成为澳门、中山两地青年创新创业基地，对接中山、澳门两地产业资源，支持澳门青年到中山发展，推进粤澳两地孵化器之间专业顾问服务互换，为两地青年创业者提供多元化的创业支援和专业顾问服务，共同培育和支持两地青年创业成长。基地也要打造成为葡语系国家特色商品展示中心，立足澳门葡语优势以及跨境电子商务新兴产业发展迅猛的势头，打造线上线下相结合、融跨境电子商务为一体的葡语系国家特色产品展示中心。同时，基地将打造成澳门及葡语系国家企业与中山企业互动投资的服务窗口、中山特色小镇及澳门与中山项目合作成果展示中心、澳门中山科研成果转化中心和传播火炬创新创业精神文化实践与展示基地。

六 东莞市

（一）松山湖港澳青年创新创业基地

松山湖港澳青年创新创业基地位于松山湖人才大厦，项目涉及智能穿戴设备、智慧城市、新能源、医疗器械、电子化教育等领域。该基地主要承接港澳地区项目落地发展，为港澳青年创新创业项目提供就近转化、迅速量产和高效市场对接的优质机会，致力于发展成为港澳人才高速聚集、港澳创新技术高效转化、粤港澳创新资源高度融合的大湾区人才联合培养的示范性平台。该基地是按照"一中心多站点"的运作模式进行建设的，即以松山湖港澳青年创新创业基地为中心，以东莞松山湖国际机器人产业基地、松山湖粤港澳文化创意产业试验园区、松山湖高新技术创业基地、松山湖高新技术众创空间为站点，对松山湖的港澳青创基地进行布局建设，促进莞港澳三地人才交流、科技交流、文化交流，厚植粤港澳大湾区人才创业土壤。

（二）松山湖国际机器人产业基地

国际机器人产业基地通过联结内地、香港及全球高校、研究所、企业、上下游供应商等资源，充分理解创业者需求，经由打造完整机器人及智能硬件生态体系，使被投团队和企业具备核心竞争优势。基地自有基金 XBOT PARK 基金（原香港清水湾创业基金），联合红杉资本、高瓴资本为创业团队提供从探索期、天使期到种子期的全方位资金支持。在广东省及松山湖管委会的大力支持下，基地建立的国际机器人研究院作为新型研发机构，获颁国家级科技企业孵化器，并享有人才公寓、高企及项目申报快速通道等多项政策福利。目前基地孵化了大疆创新、李群造化、逸动科技、优超精密、固高造化、松山智能等为代表的50多家创业企业和30多家创业团队。

（三）粤港澳文化创意产业实验园区

松山湖粤港澳文化创意产业实验园区是东莞市推动粤港澳文化创意产业合作的一个重要载体，成功打造"莞深创梦工场、国际金融创新园、创意谷和创研尚设计研发中心、国际创意设计城、中科创新广场"五个总面积为44.5万平方米的重要平台，园区积极与港澳开展文化交流、产业合作和青年创新创业工作,目前已吸引哗哗星球文化、港隼足球文化传播等13个项目进驻。在与港澳文化交流和产业合作方面,园区重点推进"松山湖粤港澳青年文化创意创新创业中心"(三创中心)和"松山湖粤港澳青年文化交流服务中心"的建设。三创中心联合香港优势资源,聘请港籍管理人员组建专业团队开展中心的运营,以打造适合港青创业发展的生态为目标,致力于粤港澳三地青年创新创业孵化;交流服务中心依托博泰创意服务中心的全产业链平台优势与港澳相关协会的人才优势,围绕粤港澳青年群体开展文化创意领域的交流、考察、实习等工作。

七 惠州市

(一)惠州仲恺港澳青年创业基地

仲恺港澳青年创业基地位于仲恺高新区港汇城商业广场,面积约4000平方米,包括公共服务区和港澳青年企业办公区域,公共服务区可提供集咨询、展示、接待、会议、路演、项目商谈等于一身的综合服务。基地围绕打造万亿级电子信息产业集群的目标,重点引进智能硬件与人工智能、新能源、半导体、信息服务、文化创意等领域的港澳青年企业。基地的发展目标是把惠州仲恺港澳青年创业基地打造成为全省特色鲜明、功能完善的科技创新引领区、港澳产业集聚区、粤港澳合作示范区。基地对工商、税务、统计关系均在仲恺港澳青年创业基地内具有独立法人资格的港澳青年企业且项目评审通过的,给予租金、创业资金、各项补贴和各种奖励等政策扶持。

(二)广东惠州大学生创业孵化基地

惠州大学生创业孵化基地位于仲恺高新区,由省人社厅与市政府共同建设,可提供办公场地、创业培训、创业咨询、风投融资、成果转化、市场推介等多项综合性服务,目前规划为惠州港澳青年创新创业园区的组成部分。基地主要服务互联网＋、电子信息、软件服务、工业设计、商贸物流、现代服务业、动漫、文化创意、电子商务和跨境电商等产业。创业扶持主要集中在培训补助、创业资助、租金补贴、创业担保贷款、优秀创业项目资助、入驻广东惠州大学生创业孵化基地享受专项优惠政策等方面。

八 江门市

（一）江门侨梦苑港澳青年创业创新基地

港澳青年创业基地是江门侨梦苑联合启迪之星（江门）共同打造的项目。该项目将结合江门本地的优惠政策，为港澳创业青年提供培训、市场、融资、科技、项目合作等系列孵化服务。

（二）珠西创谷（江门）科技园

珠西创谷（江门）科技园位于江门市蓬江区，是广东省认定的4个粤港澳台科技企业孵化器之一。珠西创谷正在重点发展工业2025及人工智能、环保及能源、电子及智能产品、电子商贸与娱乐等行业相关技术，正在打造国际化智慧电子商务平台、人工智能大数据应用平台、物联网技术应用智慧示范中心三大创新平台。珠西创谷科技园主力是吸引粤港澳台及海外高科技企业进驻，正在不断提升园区服务水平，为青年创业者提供创客空间，为中小企业提供孵化器，为成熟企业提供加速器等服务。

九 肇庆市

（一）肇庆新区科技创新创业服务中心

肇庆新区科技创新创业服务中心承担肇庆新区科技创新成果转化、创新创业交流培训和企业孵化服务等工作。目前以肇庆新区科技创新中心和启迪科技城等空间载体为依托，深耕细作电子信息、智能制造、文化创意、健康医疗、现代服务业五大产业。

（二）启迪粤港澳青年创新创业示范基地

启迪粤港澳青年创新创业示范基地位于肇庆新区，基地立足于启迪控股集群式创新、立体三螺旋模式打造创新服务生态，培养港澳青年创新创业意识，培育青年创业企业成长。基地一二期项目投入运营，总面积近20000平方米。目前入驻企业（团队）40家（港澳外资企业4家），9家企业近期进驻（港澳资企业2家），累计入住创业团队人数约255人。

（三）独角兽牧场·肇庆

独角兽牧场·肇庆是由肇庆新区管委会和微软（中国）共同合作的，并由双方共同认可的运营合作伙伴香江集团负责运营的，打造以人工智能、云计算及移动互联网应用为核心的创新创业孵化平台。独角兽牧场·肇庆重点关注并融入肇庆市具备发展优势的高端装备、节能环保、新能源汽车等高新技术产业和战略性新兴产业。基地除为在肇庆市创新创业的团队和企业提供创业场地、共享设施、咨询服务、创业辅导等基础服务外，还借助微软在技术上的夯实积累和香江集团多元化产业资源，为创新创业团队和企业提供"技术、金融、管理、市场"等技术和产业赋能服务。

参考文献

国世平:《粤港澳大湾区规划和全球定位》,广东人民出版社2018年版。

黎沛文:《从居民到公民:香港人国家认同主体资格的建构》,载陈广汉、黎熙元主编《当代港澳研究》2018年第1辑,社会科学文献出版社2018年版。

李钟文等主编:《硅谷优势——创新与创业精神的本息地》,人民出版社2002年版。

卢文彬:《湾区经济:探索与实践》,社会科学文献出版社2018年版。

马晓澄:《解码硅谷:创新的生态及对中国的启示》,机械工业出版社2019年版。

张光南:《港澳青年内地创业:企业案例·创业者故事·政府政策》,中国社会科学出版社2018年版。

张景安、[美]亨利·罗文、罗晖等:《创业精神与创新集群:硅谷的启示》,中国科学技术出版社2015年版。

中共中央、国务院:《粤港澳大湾区发展规划纲要》,人民出版社2019年版。

周朝林:《赋能型组织:未来组织不是管理,而是赋能》,中国纺织出版社2019年版。

[美]阿伦·拉奥、皮埃罗·斯加鲁菲:《硅谷百年史:创业时

代》，人民邮电出版社 2016 年版。

［美］斯坦利·麦克里斯特尔：《赋能：打造应对不确定性的敏捷团队》，中信出版社 2017 年版。

［美］托马斯·雅诺斯基：《公民与文明社会》，柯雄译，辽宁教育出版社 2000 年版。

［美］约翰·金登：《议程、备选方案与公共政策》，中国人民大学出版社 2017 年版。

［英］T. H. 马歇尔等：《公民身份和社会阶级》，郭忠华、刘训练译，江苏人民出版社 2007 年版。

鲍春雷：《中国青年创业现状报告——青年创业跟踪调查与分析》，《中国劳动》2017 年第 5 期。

毕亮亮：《"多源流框架"对中国政策过程的解释力——以江浙跨行政区水污染防治合作的政策过程为例》，《公共管理学报》2007 年第 2 期。

蔡宜旦、汪慧：《助推"返乡创业潮"的政策思考——浙江省青年农民工返乡创业意向调查研究》，《青年探索》2010 年第 4 期。

陈婕：《青年创业需要哪些政策红利》，《人民论坛》2018 年第 5 期。

单耀军、王贺：《回归祖国 20 年来澳门青年政策体系形成的基本历程》，《青年发展论坛》2019 年第 6 期。

邓希泉、徐洪芳：《青年创新创业现状与共青团服务能力研究》，《北京青年研究》2017 年第 3 期。

杜运周：《组织与创业领域——组态视角下的创业研究》，《管理学季刊》2019 年第 3 期。

方浩、杨建：《基于多源流模型视角的政策议程分析——以共享单车为例》，《电子政务》2019 年第 1 期。

高建、盖罗它：《国外创业政策的理论研究综述》，《国外社会科学》2007 年第 1 期。

关婷、薛澜、赵静：《技术赋能的治理创新：基于中国环境领域的实践案例》，《中国行政管理》2019年第4期。

何诚颖、张立超：《国际湾区经济建设的主要经验借鉴及横向比较》，《特区经济》2017年第9期。

姜辉、许如宝：《制度均衡及其有效性分析——基于制度供需理论的视角》，《经济论坛》2018年第10期。

姜晓萍、田昭：《授权赋能：党建引领城市社区治理的新样本》，《中共中央党校（国家行政学院）学报》2019年第5期。

李良成、张芳艳：《创业政策对大学生创业动力的影响实证研究》，《技术经济与管理研究》2012年第12期。

李文钊：《多源流框架：探究模糊性对政策过程的影响》，《行政论坛》2018年第2期。

梁尚鹏：《新时代背景下青年创业的时代使命及推进路径》，《中国青年研究》2018年第2期。

梁玉成、陈金燕：《青年主动创业与被动创业的社会过程及其后果研究》，《青年探索》2018年第5期。

林贡钦、徐广林：《国外著名湾区发展经验及对我国的启示》，《深圳大学学报》（人文社会科学版）2017年第5期。

林至颖：《香港青年赴粤港澳大湾区创业的机遇、挑战及应对》，《港澳研究》2018年第1期。

刘忠艳：《中国青年创客创业政策评价与趋势研判》，《科技进步与对策》2016年第12期。

卢雯雯、邹平学：《香港青年在粤港澳大湾区内地城市创业的现状、困境与趋势》，《青年发展论坛》2019年第1期。

宁德鹏等：《我国创业政策执行中的问题与对策研究》，《中国行政管理》2017年第4期。

桑伟林、蔡智：《改革开放40年来青年就业创业政策演进及其优化研究》，《中国青年研究》2018年第10期。

田莉、刘旻昱：《组织演化理论在创业领域的研究应用探讨》，《管理学季刊》2019 年第 3 期。

涂敏霞：《穗港澳台青年创业的意愿、动机及机制的比较研究》，《青年探索》2013 年第 3 期。

王宏彬：《湾区经济与中国实践》，《中国经济报告》2014 年第 11 期。

王爽爽等：《中国青年社会创业实践的特征研究》，《青年探索》2017 年第 6 期。

王旭阳、黄征学：《湾区发展：全球经验及对我国的建议》，《经济研究参考》2017 年第 24 期。

吴阳熙：《多源流理论视阈下"单独二胎"的政策议程分析》，《理论与现代化》2014 年第 4 期。

肖喜明：《促进我国青年创业的制度需求与制度供给分析》，《中国青年研究》2018 年第 9 期。

谢宝剑、胡洁怡：《港澳青年在粤港澳大湾区发展研究》，《青年探索》2019 年第 1 期。

薛志谦：《我国青年创业扶持政策的现状、价值及优化》，《中国青年研究》2017 年第 2 期。

杨俊、牛梦茜：《制度如何影响创业：一个跨层次的分析框架》，《管理学季刊》2019 年第 2 期。

杨熙：《青年创业者的积极创业心理构建及教育指导》，《中国青年研究》2018 年第 9 期。

袁方成、候亚丽：《赋权的协商民主：绩效及其差异性》，《江汉论坛》2018 年第 11 期。

张剑源：《赋权与说和：当代中国法律对个体——家庭关系变迁的回应》，《思想战线》2018 年第 2 期。

张紧跟：《从行政赋权到法律赋权：参与式治理创新及其调适》，《四川大学学报》（哲学社会科学版）2016 年第 6 期。

郑广怀：《伤残农民工：无法被赋权的群体》，《社会学研究》2005 年第 3 期。

周超、颜学勇：《从强制收容到无偿救助——基于多源流理论的政策分析》，《中山大学学报》（社会科学版）2005 年第 6 期。

朱朝霞、陈琪：《政治流为中心的层次性多源流框架及应用研究——以上海自贸区设立过程为例》，《经济社会体制比较》2015 年第 6 期。

《湾区何以称世界级》，《南方日报》2017 年 11 月 29 日第 7 版。

《习近平会见香港澳门各界庆祝国家改革开放 40 周年访问团时的讲话》，《人民日报》2018 年 11 月 13 日第 1 版。

昌道励：《5 年来累计形成 527 项改革创新成果》，《南方日报》2020 年 4 月 22 日。

刘梓欣、梁涵、关铭荣：《横琴金投架起琴澳产业协同发展融通桥》，《南方日报》2019 年 9 月 26 日第 BT03 版。

丘杉：《东京湾区经济带发展背后高度重视科技创新》，《深圳特区报》2014 年 11 月 25 日第 B11 版。

张光岩、郭悦等：《形成更多可复制可推广的经验》，《南方日报》2019 年 10 月 22 日。

张玮：《前海拟出台措施支持香港青年创业就业》，《南方日报》2017 年 12 月 26 日第 SC03 版。

《广东省人民政府印发关于加强港澳青年创新创业基地建设实施方案的通知》（粤府函〔2019〕122 号），2019 年 5 月 8 日。

广东省人民政府：《实施〈粤澳合作框架协议〉2018 年重点工作》（粤府函〔2018〕191 号），2018 年。

广东省人民政府：《实施〈粤港合作框架协议〉2017 年重点工作》（粤府函〔2017〕38 号），2017 年。

国务院：《关于大力推进大众创业万众创新若干政策措施的意见》（国发〔2015〕32 号），2015 年。

国务院：《关于深化泛珠三角区域合作的指导意见》（国发〔2016〕18号），2016年。

国务院办公厅：《港澳台居民居住证申领发放办法》（国办发〔2018〕81号），2018年8月19日。

全球化智库、南方国际人才研究院：《粤港澳大湾区人才发展报告》，2018年。

香港广东青年总会、明汇智库：《香港青年粤港澳大湾区发展指数2018》，2018年。

香港广东青年总会、明汇智库调研报告：《推动香港青年积极参与粤港澳大湾区发展的政策建议》，2017年。

香港广东青年总会、明汇智库调研报告：《香港青年粤港澳大湾区发展指数2018》，2018年。

珠三角空间规划研究中心：《湾区的元年与展望——2017年度粤港澳大湾区空间发展年度评估报告》，2018年。

澳门特区政府：《二〇一九年财政年度政府工作总结》。

青年发展基金：《粤港澳大湾区创新创业基地体验资助计划申请指引》。

青年发展基金：《粤港澳大湾区青年创业资助计划申请指引》。

《澳门青年创业孵化中心简介》，2020年3月1日，https：//myeic. com. mo/about-centre/%e4%b8%ad%e5%bf%83%e7%b0%a1%e4%bb%8b/。

《创业指引》，2019年12月12日，http：//qh. sz. gov. cn/ehub/fwzy/cyzy/201601/t20160105_10473776. htm。

《横琴·澳门青年创业谷获评"粤港澳科技企业孵化器"》，2020年5月23日，中国报道网（http：//cxzg. chinareports. org. cn/qccy/20200306/18633. html）。

《前海青年创新创业梦工场入园企业管理办法（暂行）》，2019年12月12日，http：//qh. sz. gov. cn/ehub/cyzc/201412/t20141222_

10473748. htm。

《前海深港青年梦工场政策汇编》，2019 年 12 月 12 日，http：//qh. sz. gov. cn/ehub/cyzc/201412/t20141222_ 10473749. htm。

《香港青年发展委员会简介》，2020 年 3 月 1 日，https：//www. ydc. gov. hk/tc/ydc/welcome. html。

广州市人民政府外事办公室、广州市人民政府港澳事务办公室：《关于开展广州市港澳台青年创新创业示范基地申报的公告》，2019 年 10 月 21 日，http：//www. gzfao. gov. cn/gzfao/8. 5/201910/da7f711125cf4e819ecd4aba63acb34d. shtml。

罗仕：《广州出台支持港澳青年来穗发展行动计划》，2019 年 5 月 31 日，金羊网（http：//wap. ycwb. com/2019 - 05/31/content_ 30269780. htm）。

Nikolaos Zahariadis, "Delphic Oracles: Ambiguity, Institutions, and Multiple Streams", *Policy Sciences*, Vol. 49, No. 1, 2016.

Robert Ackrill, Adrian Kay, "Multiple Streams in EU Policy-making: The Case of the 2005 Sugar Reform", *Journal of European Public Policy*, Vol. 18, No. 1, 2011.

后　　记

2018年夏，我从中山大学政治学系毕业，拿到了政治学博士学位。因为博士论文选题涉及澳门政治方向，我选择来到国家高端智库——中山大学粤港澳发展研究院做博士后研究工作。也正是从那时开始，我开始关注粤港澳大湾区有关研究。当时正值暑假，刚好跟几位师长到深圳前海做调研，组织者带领我们参观访问了前海深港青年梦工厂，虽然只是初步了解到港澳青年的创业创新境况，但也给我留下了深刻印象。之后，我阅读粤港澳大湾区有关文件如《深化粤港澳合作推进大湾区建设框架协议》《粤港合作框架协议》《粤澳合作框架协议》，从中发现粤港澳三地政府设立不少关于扶持港澳青年创业的政策举措，了解到港澳青年创业问题得到政府关注和重视。2019年2月18日，中共中央、国务院印发实施《粤港澳大湾区发展规划纲要》，推出更多促进港澳青年到粤港澳大湾区创新创业的政策措施。基于此，我开始花时间集中关注粤港澳大湾区港澳青创扶持政策的研究选题，试图将港澳青年创业扶持政策研究作为自己研究粤港澳大湾区建设的选题方向，以此作为观察粤港澳政府间关系以及港澳政治与治理的一个切入口。

恰逢粤港澳发展研究院完成粤港澳研究资源数据库的建设，其搜索功能相当齐全，数据信息相当丰富，每天更新得很快。出于对数据库的好奇，我当时随手在主页输入"港澳青年创业"关

后　记

键词，搜索这方面相关信息，令人惊奇地呈现出大量不断更新的有关港澳青年创业创新信息。这无疑更加激起我坚持以粤港澳大湾区港澳青年创业为选题的课题研究的兴趣。为了做好这项研究，由此养成每天做收集港澳青年创业创新信息的规定动作，时至今日收集了大量港澳青年创业的相关信息。也是在偶然之下，在研究院领导的推荐之下，参与了一些港澳青创基地的调研与评审活动，加深了我对港澳青创扶持政策的理解与认识，更加坚定港澳青年创业扶持政策是一个值得深入研究的课题。

也正是在掌握大量港澳青创扶持政策的数据信息之上，我申请了与此相关的一个青年教师培育项目，并参与相关研讨活动，开始着手撰写一些咨询报告、论文以及报刊评论。基于对这个选题的不断思考与探索，决定着手撰写这本著作。写这么一本书，是自己对港澳青年创业扶持政策的一个初步总结，希望能够与港澳青年创业研究者分享自己的研究成果，也希望能够为有志创业的港澳青年更多地了解粤港澳大湾区扶持政策提供一些有用信息。

粤港澳大湾区港澳青创扶持政策研究能够成书，要感谢中山大学粤港澳发展院提供的出版资助，以及所在科研平台的资源支持，以及研究院领导对我做港澳青创扶持政策的肯定与支持。

感谢我的博士后合作导师黎熙元教授，对我的学术研究给予了宽松充足的自由空间，在论文写作与学术探讨上总是能及时给予理论指引和帮助开发思路。与她的相处，总是那么令人愉快与轻松。

最后，衷心感谢我的授业恩师肖滨教授，一路以来对我关怀备至，不时关心我的学术创作与个人发展，总是耐心地培育与指导我，教我学会如何去做人和做学术。在这本书的写作过程中，给予我很大的鼓励与支持。